前 言

"纸上得来终觉浅，绝知此事要躬行"，这句话被学生在历届专业实习答辩中多次提及，给我留下了深刻的印象。作为管理科学专业的一名教师，承担着本专业本科生与研究生《金融学》、《证券投资学》、《现代金融理论与实务》等课程的教学，学生已经对"填鸭式教学方法"产生倦怠情绪，课程知识枯燥乏味，缺乏感性认知专业理论价值的机会，虽已了解应届毕业生找工作难，却不知道如何进行自我培养、建立专业自信，就业竞争力不强，创新思维能力薄弱，创业动力匮乏。有鉴于此，基于系统反馈结构分析，教学团队设计了金融类课程教学改革方案即"基于系统管理理论与方法的'金融类课程集教、学、研、训多位于一体的教学改革实践'"，该方案确立了以教学改革实践为主题、以人才培养为核心、以科学研究为基础、以提高社会服务水平为发展方向、以提升人文素养促进专业创新能力培养的总体发展方向与思路。教学团队以教研室为支撑提供教育教学资源和人才，以金融理财学会为平台聚拢教师、学生及企业资源，对接创新创业项目，以金融投资研究所为媒介与合作企业联合研究，以合作企业为学生创新创业搭建实训平台，协同创新、共享创造价值，建立了"走出去"、"引进来"的人才培养机制，旨在有效提升教、学、研、训多位一体的创新能力水平。

然而，经过一系列教改课题、科学研究、校企合作实践，发现存在两个问题：第一，学生参与教师课题的热情不高；第二，实习过程容易流于形式，如何规划好专业实习与专业教育之间的关系，需要学院在修订培养方案时做更多的考量。教研室经过学习和讨论，在修订专业培养方案时为《金融学》、《证券投资学》设置了实验课，以全国大学生金融精英挑战赛为载体，将经济学、金融学、投资学、公司理财等课程学习延伸到课堂外，让学生体会挑战自我、自主学习的乐趣。历年来学生在全国大学生金融精英挑战赛收获一、二、三等奖项颇丰。但从比赛过程来看，学生在证券投资分析中的策略分析、风险控制能力较弱，或者说学生没有将所学知识应用于比赛中的思维惯性，都在"赌"小概率可能发生的事情。如何结合《概率论与统计》等课程知识去引导学生思考"大概率正确的事情反复做"的专业理念？

2018 年，由中国人民银行、银保监会、证监会、国家外汇管理局联合发布的《关于规范金融机构资产管理业务的指导意见》，明确规定对理财产品不得承诺保本保收益，打破刚性兑付。实际上这是在引导投资者转变理财习惯，增强投资理财风险意识。2022 年银行理财产品收益暴跌，以房养老、房价高增长的强预期被打破，家庭资产该如何配置？如何根据经济周期、金融周期去调整家庭资产组合以提高年化收益？记得在 2020 年 8 月，银行

VIP 客户经理建议我定投黄金，定投是不是可以"傻傻"地一直进行下去，定投的本质是什么？管理学科专业每年都有不少应届毕业生从事与金融相关的工作，如何立足于为客户创造价值、提供有效意见去构建知识框架，不要因为碎片化知识而忽视了系统专业教育的重要价值？我们又该如何选择基金，如何对不同行业的个股进行价值分析？如何从技术上实现"买在无人问津时，卖在人声鼎沸时"，专业判断依据是什么？

通过对以上问题的系统思考，教研室为《金融学》等课程罗列了《驾驭周期》、《逃不开的经济周期》、《灰犀牛》、《随机漫步的傻瓜》、《积极型资产配置指南》等课外读物，并在夏季学期开展读书分享会为学生导读。同时设计了"家庭资产配置实验"、"金融、经济的波动周期"、"定投实验"、"如何挑选一只好基金"、"估值实验（金融行业）"、"估值实验（科技行业）"、"估值实验（消费行业）"、"估值实验（周期行业）"、"基于投资者情绪的资产轮动策略实验"9 个实验，以期提高学生的理论课获得感。在实验过程中引导学生去思考"加快中国特色估值体系落地"等市场信息的含义，这既可以很好地联系《宏观经济学》、《公司理财》等学科的知识点，又可以完美地丰富课程思政教育素材和展现形式。通过近两年的教学实践，学生有了一定的独立自主的思维习惯，实验教程内容趋于成熟，现结集出版。在本教程的编撰过程中，李涛、陈钰聪、郑理成、陈生发、王雨涛、张霄磊等付出了辛勤的劳动。

目　录

家庭资产配置实验

【实验目的】

1. 理解复利概念与重要性。

2. 了解如何进行家庭资产配置。

3. 掌握通过资产配置实现财务自由的思路与方法。

【实验原理】

一、复利计算公式

$$F = P \times (1+i)^n$$

其中，P 为本金，i 为利率，n 为年限，F 为终值。

（一）复利在通货膨胀情况下的作用

案例： 小刚拥有资产 100 万元，假设分别面临 2% 低通货膨胀率、5% 温和通货膨胀率、8% 严重通货膨胀率、15% 恶性通货膨胀率。若不做任何投资组合，10 年后，在上述 4 种通货膨胀率下，他的资产变化如下：

2% 低通货膨胀率：$P = 100/[1+2\%]^{10} = 82$。

2% 通货膨胀率下，100 万元购买力 10 年后相当于 82 万元购买力，资产贬值 18 万元。

5% 温和通货膨胀率：$P = 100/[1+5\%]^{10} = 61$。

5% 通货膨胀率下，100 万元购买力 10 年后相当于 61 万元购买力，资产贬值 39 万元。

8%严重通货膨胀率：$P=100/[1+8\%]^{10}=46$。

8%通货膨胀率下，100万元购买力10年后相当于46万元购买力，资产贬值54万元。

15%恶性通货膨胀率：$P=100/[1+15\%]^{10}=25$。

15%通货膨胀率下，100万元购买力10年后相当于25万元购买力，资产贬值75万元。

显然，通货膨胀降低了货币的购买力，且随着通货膨胀率及时间的增长，复利模式促使货币贬值的速度加快。

（二）复利在保值增值情况下的作用

案例：小聪拥有资产100万元，假设通过投资组合保证资产增值，且每年分别有4%收益率、7%收益率、10%收益率、17%收益率。10年后，在上述4种收益率下，他的资产变化如下：

4%收益率：$F=100\times(1+4\%)^{10}=148$。

4%投资收益下，10年后，100万元资产增值48万元为148万元。

7%收益率：$F=100\times(1+7\%)^{10}=197$。

7%投资收益下，10年后，100万元资产增值97万元为197万元。

10%收益率：$F=100\times(1+10\%)^{10}=259$。

10%投资收益下，10年后，100万元资产增值159万元为259万元。

17%收益率：$F=100\times(1+17\%)^{10}=481$。

17%投资收益下，10年后，100万元资产增值381万元为481万元。

假如以上4种收益率分别扣除2%、5%、8%、15%通货膨胀率，10年后，其资产实际增值：

$$F = 100 \times (1 + 2\%)^{10} = 121。$$

因此，通过投资组合实现的不同收益率能够让复利发挥保值增值的作用。

二、标准普尔家庭资产配置象限图

标准普尔公司通过调研全球10万个资产稳健增长的家庭，分析总结出各个家庭的理财方式，得出了标准普尔家庭资产象限图（见图1-1）。该图将家庭资产划分为4个区域，分别代表4个不同功能的账户，各个账户所配置的资产比例不同（值得注意的是，用于配置的资产扣除了日常固定开支的数额）。

第一象限，"短期消费支出账户"。该账户是为保障家庭经济来源减少时的支出，如失业，强调的是家庭资产的流动性以及应急功能。因此，为保证资金的流动性与安全性，可考虑以现金、储蓄、货币基金、短期债券形式配置组合。该账户通常有两个配置标准：配置总资产的10%或3~6个月的生活费，以最高费用为标准。例如，小明家有100万元存款，家庭月开支1万元，3~6个月开支为3万~6万元。显然，最高金额6万元小于资产的10%即10万元，第一个账户应配置资产10万元。

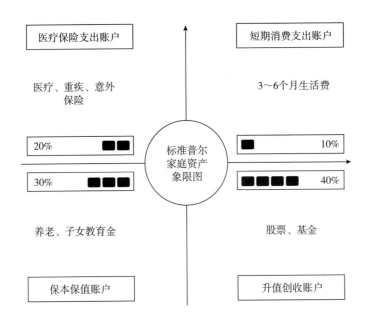

图 1-1　标准普尔家庭资产象限图

第二象限，"医疗保险支出账户"。该账户资金占比约为家庭资产的 20%，强调的是在不确定性意外事件发生时，能应对重大风险，发挥保障、兜底作用。因此，该账户通常用于购买保险份额，如医疗险、重疾险、意外险、人寿险等。

第三象限，"保本保值账户"。该账户资金占比约为家庭资产的 30%，强调的是保本保值，对于流动性要求不高但追求稳定的收益，以抵御通货膨胀。例如，养老金、子女教育金等可投放到此账户。为保证本金的安全性，追求稳定的升值，可通过投资长债基金实现，同时，当利率急速上行时，可转移资金到货币基金。

第四象限，"升值创收账户"。该账户资金占比约为家庭资产的 40%，作为投资账户可多投资于高风险高收益产品。例如，股票、商品期货、股权基金等。需要注意的是，在家庭资产配置分析初期，若第一个账户中家庭资产的 10% 不足以覆盖 6 个月家庭开支费用，剩余资金缺口应优先从此账户调出资金填补，确定好该账户剩余投资额后不再随意变动。

三、实现财务自由的逻辑

（一）实现财务自由需要的资产

案例：假设小华想每个月拥有 0.5 万元的现金流用于支出，那么他需要将本金投入到以下 3 个账户中。

账户 1：准备一年的现金即 6 万元投入货币基金，当年的月 0.5 万元现金流从该账户获取。

账户 2：准备账户 1 的同时，投入 10 年的现金流即 60 万元到账户 2（10 年现金流同样以每月 0.5 万元支出计算）。假设账户 2 现金用于投资年化收益 5% 的资产组合，那么，第一年从账户 1 领取完现金后，第二年开始从账户 2 领取，16 年后两个账户的资金领取完毕。

账户 3：准备账户 1、账户 2 的同时，将剩余现金放入账户 3 用于投资年化收益 10% 的资产组合，16 年后，账户 1、账户 2 资金支出完毕时，账户 3 的资金在年化 10% 收益下翻了 4 倍，此时账户 3 的资金又可以进行新一轮资金的分配。

因此，要实现每月领取 0.5 万元的财务自由，需要准备的资产为 3 个账户资金总和。

注意 1：账户 3 投资年化收益若低于 10% 要拿住，若超过 15% 要止盈，待价值回归，开始下跌时重新买入。

注意 2：考虑通货膨胀率时，账户 2 的消耗速度会加快，因此需要准备更多的本金投入账户 2 中。

（二）如何积攒实现财务自由所需的资产

通过测算发现，不考虑通货膨胀时，总资产的 5% 为财务自由下可实现的现金流；考虑通货膨胀时，总资产的 4% 为财务自由下可实现的现金流。例如，在考虑通货膨胀的情况下，100 万元的总资产可实现年支出 4 万元的现金流。

现实中，对于财务自由的需求往往分两类，一类是即刻需要每月稳定的现金流并且拥有该现金流所需的资产，那么只需要按照顺序分别投入账户 1、账户 2、账户 3 完成财务自由组合；另一类是当下不需要稳定现金流提出，且没有一定的资产实现财务自由，但计划未来实现财务自由，此时，财务自由组合方式为先完成账户 3 资金储备，再储备账户 2，最后储备账户 1。当账户 3 的资金储备到实现财务自由所需资产的一半时，基本完成目标。

案例：假设小红希望未来能够实现家庭月支出 1 万元，年支出 12 万元的生活，那么她需要的资产为 12÷4% = 300 万元（考虑通货膨胀）。同时，小红现有资产 50 万元，每月家庭结余 0.5 万元，小红需要按照以下组合方式完成财务自由所需的资产的积攒。

账户 3：将 50 万元资产以及每月结余放入账户 3 用于投资年化收益 10% 的资产组合，7 年后账户 3 资金翻倍，10 年内，账户 3 资产将达到 150 万元，即目标资产的一半。此时，账户 3 的积攒计划完成。

账户 2：月支出 1 万元，账户 2 应储备 $1 \times 12 \times 10 = 120$ 万元，如果仅依赖家庭结余则需要 20 年才能完成积攒。然而，账户 3 的 150 万元资金在年化收益 10% 的资产组合下，7 年又可实现翻倍，因此，不到 7 年便可以完成 120 万元资产的积累。

账户 1：13 年后，账户 3、账户 2 基本完成了 300 万元目标资产的积累。

总结：小红在拥有资产 50 万元、月结余 0.5 万元的条件下，通过一定的资产配置，13 年左右便可实现月支出 1 万元的财务自由生活。

【实验内容】

1. 假设同学 A、同学 B、同学 C 分别拥有 1 单位资产且不做任何投资，同学 A 每年面临 5% 通货膨胀率，同学 B 每年面临 10% 通货膨胀率，同学 C 每年面临 15% 通货膨胀率。尝试说明 5 年后，同学 A、同学 B、同学 C 的资产贬值情况。

2. 假设同学 D、同学 E、同学 F 分别拥有 1 单位资产用于投资，且同学 D 投资年化收益率为 10%，同学 E 投资年化收益率为 15%，同学 F 投资年化收益率为 20%。尝试分别计算 10 年、20 年、50 年后同学 D、同学 E、同学 F 的资产为开始的多少倍。

3. 依据标准普尔家庭资产象限图，尝试对自己未来家庭资产做一个合理的分配。

4. 结合"实现财务自由需要的资产"，尝试计算至少需要投入多少资金到账户 3 完成下一轮资金分配。

5. 结合"实现财务自由需要的资产"、"注意 2"，考虑到通货膨胀的影响，假设通货膨胀率为 5%，则账户 2 每年实际支出比上一年多 5%，若计划 16 年消耗完该账户，尝试计算最开始需要投入多少本金到账户 2 中。

6. 设想未来自己家庭资产及收支情况，为自己制定一个实现财务自由的方案。

【实验步骤】

1. 明确实验目的。

2. 理解实验原理。

3. 完成实验内容。

【实验报告】

实验科目			
实验时间		实验地点	

实验要点：

实验内容记录：

分析：

实验中遇到的问题和收获：

实验完成情况：

指导教师签名：

日期： 年 月 日

金融、经济的波动周期

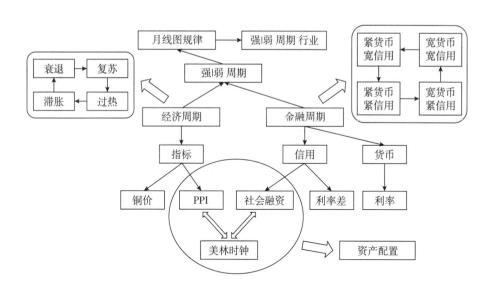

图 2-1　金融、经济波动周期知识框架

【实验目的】

1. 对经济周期与金融周期有初步的感性认知，理解周期的一般过程与规律。

2. 学习并理解可观测的指标，且能够使用这些指标判断宏观经济所处的经济与金融周期。

3. 了解强周期与弱周期行业的内涵，能够通过股票月线图识别该企业属于强周期/弱周期。

4. 掌握"PPI+社会融资"的指标组合以及对应阶段的最优资产配置；了解美林时钟。

【实验原理】

一、经济周期部分

经济周期，包括复苏、过热、滞胀和衰退。

生产者物价指数（Producer Price Index，PPI）可以作为观测经济周期的代理指标。PPI就是生产者价格，包括原材料、金属、能源等的综合反应。这些生产资料价格上涨，则表明开工生产增多，经济即将复苏。如果PPI掉头向下，就是周期见顶，即将结束的标志。

另一个可观测的代理指标是铜价，若铜价与PPI同时上升，基本能判断出强周期的到来。

在图2-2中，长中短三个周期的债券都出现了收益率下降的走势，在央行货币政策稳定的情况下，即表明国民经济资金需求不足。整体经济资金需求不足，也是周期转换的重要标志。

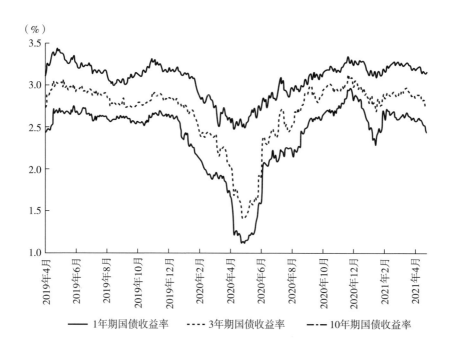

图2-2　2021年4月10年期国债利率仍在3.15%~3.25%震荡

资产价格随经济周期波动的特点普遍是债券先动，股票随后，商品第三，当商品一涨，股票市场基本将结束。

二、金融周期部分

如前文所述，经济周期，包括复苏、过热、滞胀和衰退四个阶段，国家为了对冲经济周期的波动，央行就要进行宏观调控，而这个宏观调控所产生的周期波动，就叫作金融周期。

金融波动分为四个周期，分别是紧货币宽信用、宽货币宽信用、紧货币紧信用、宽货币紧信用（见图2-3）。

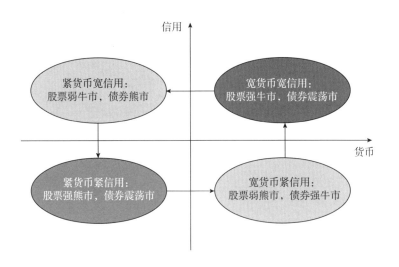

图 2-3 金融波动周期

货币政策主要由利率调节，货币宽松即央行将资金放入银行体系，此时市场利率下降；市场利率和债券价格一般呈负相关关系（请同学自行探索原因），此时利率下降，债券价格上升；货币紧缩的情况则刚好相反。

信用，核心就是让钱从银行体系中流出，流入实体，推动社会融资增长（一般实体经济状况变好，股票市场也利好）；信用的宽松与紧缩一般用不同部门的贷款利率差来衡量，利差变小的过程就是宽信用周期，利差变大的过程就是紧信用周期（请同学可自行探索原因）。

同理，社会融资（M2 可以近似代替，但是存在一定偏差），即除银行贷款外的融资总规模，带有民间自发性质；社会融资上升意味着借钱的人多了和借款的金额上升，资金流入了实体，经济好转，这也是一个宽信用周期的明确信号。

社会融资一般领先总体经济形势半年，即把社会融资加上 2 个季度，基本跟工业增加值的名义增速吻合（见图 2-4）。

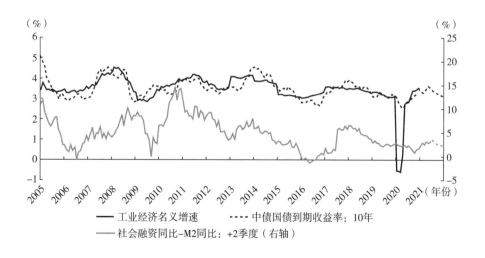

图 2-4　利率走势预测

总结：

（1）货币宽松：资金流入金融体系。

（2）信用宽松：资金流入实体经济。

一个判断：随着经济发展，紧货币的周期会越来越短，宽信用的周期会越来越长。与之相对应的资产配置一般规律如下：

（1）货币宽松：配置债券与现金。

（2）信用宽松：配置股票、房产、大宗商品（结合国策，房产特殊，慎选）。

从政策上来说，往往先宽货币，再宽信用，然后紧货币，最后才是紧信用，货币会在信用之前。

三、强周期与弱周期行业

通俗而言，周期即"时好时坏"的波动特征，行业的业绩会有比较明显的周期变化特征，其对应股票价格走势也呈现明显的横向波动特征。

案例：宝钢股份，我国钢铁行业的龙头企业，属于明显的强周期行业，其股票月线图如图 2-5 所示。

可以观察出来，在经济周期的影响下，该股经历一波牛市，股价攀升到巅峰，随后几十年可能都较难突破这个峰值。

案例：云南白药，典型的弱周期企业，股票价格有规律的总体呈 45 度角向右上方移动的趋势；这类股票可以逢低买入（"低"是指到月线图的长期股比均线组即为阶段性底部）（见图 2-6）。

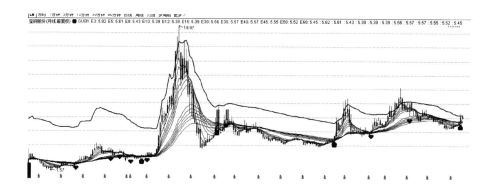

图 2-5　宝钢股份月线图

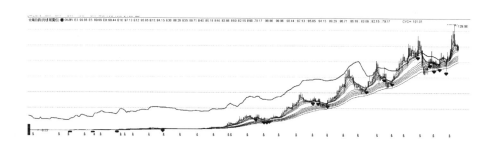

图 2-6　云南白药月线图

注意：对于初入投资领域的人来说，弱周期比强周期好操作好赚钱，即使存在波动的情况，但是总体趋势在，长期持有即可；强周期则容易错过周期之后长期套牢，因为强周期类的个股投资，周期是第一前提，没有周期，再好的基本面也无法保证盈利。

强周期的行业常规有哪些？

第一阶段，直接相关的，包括钢铁、有色、化工、煤炭、石油。

第二阶段，间接相关的，包括房产、汽车、家电、电子等可选消费。

第三阶段，反应不确定的，有可能早也有可能晚的行业，包括基建、电力、高速公路、造船、码头、机场、海运、工程机械。

其中有色金属类（铜铝锌）对周期敏感度最高，但是在实际操作中，强周期投资依然要谨慎，不然可能存在长期套牢，且资产大幅度缩水的巨大风险。

例如，2021 年春节后股票市场表现不佳，但是有色类股票逆势跳空，说明行业的投机氛围过重，这种情况一般是因为一致性预期的形成。也可以说，这预示着周期顶点即将到来，此时应当迅速止盈（设定止盈线）。

一致性预期形成后可能出现短暂的情绪驱动阶段，也即成为周期行业末尾的"迷惑性"；看起来估值低、增长快、业绩佳都可能是假象，此时应当遵循只卖不买的原则。这个时间段可以称为确定性机会结束，未来将会存在较强的随机性，此时买入则是进行"小概率的赌博"。

四、PPI 与社会融资组合、宏观经济周期、最优资产配置方式与美林时钟

PPI 与社会融资组合如图 2-7 所示。

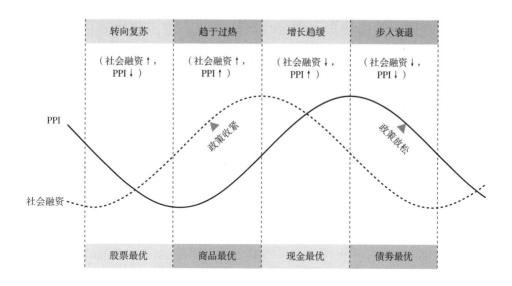

图 2-7　PPI+社会融资

依据其搭配特性可以得到四大类组合：

组合一：社会融资增加 PPI 下降，经济处于复苏期，投资股票最佳。这时整个股票市场因为之前的悲观情绪而被低估，但是预期已经越来越好，市场有底部抬升的迹象。

组合二：社会融资增加 PPI 上升，经济开始过热，通货膨胀开始上升，大家都在争抢资金，市场利率开始上升。这时应该转向投资商品或者商品类股票，此时的整个股票市场比较危险。

组合三：社会融资减少 PPI 上升，这是典型的滞胀期。经济增长停滞不前，但是资源品价格依然居高不下。这个阶段最佳策略是通过了解持有商品和股票获利，现金为王；这个阶段可以买黄金规避风险。

组合四：社会融资下降 PPI 下降，经济进入衰退阶段。一般此时政策开始放松，市场利率降低，债券牛市开始。股票市场还在熊市底部。这个阶段只能投资债券，如果有足够耐心，可以开始定投股票。

配合美林时钟，组合一至组合四所处位置及投资策略如图 2-8 所示。

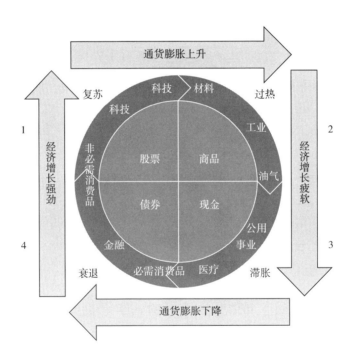

图 2-8　组合位置及投资策略

【实验步骤】

1. 金融周期部分：通过检索中国 10 年期国债收益率，大致判定迄今为止我国 15 年货币政策的"宽与紧"（见图 2-9）。

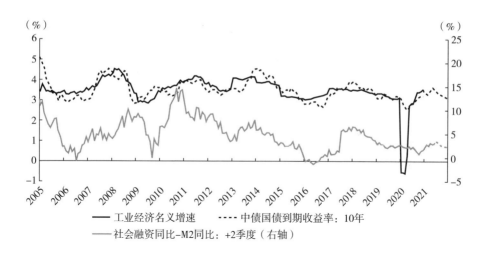

图 2-9 利率走势预测

2. 金融周期部分：通过检索中国近年企业债对国债的利差（各评级），大致判定迄今为止我国货币信用周期的"宽与紧"（见图 2-10）。

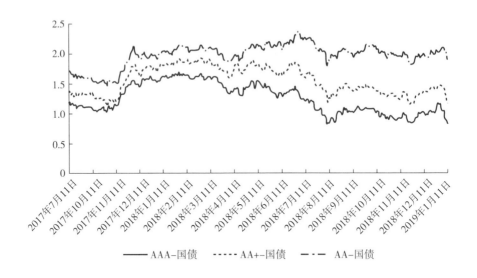

图 2-10　企业债利差走势（5Y）

3. 金融周期部分：结合以上两个问题，请判断 2018 年初至年中这一时间段的货币与信用周期分别是宽松还是紧缩？并判断该阶段股票市场（更多由实体反映）与债券市场的状况？

参考答案：2018 年上半年开始就出现了一个非常明显的宽货币、紧信用的周期，2018 年股票市场单边下跌，而债券市场则出现了强牛市行情。

4. 金融周期部分：请自行搜索近半年的相关数据与信息，判断当前所处金融周期的货币与信用政策是宽松还是紧缩，并给出资产配置的意见。

5. 强弱周期部分：选择超市中日用品、食品、家电等日常能够买到的品牌，查询相关企业股票月线图，根据其趋势各选出一只比较符合弱周期特性的代表股票。

6. 强弱周期部分：从强周期行业三个阶段中选择一只股票，要求查询相关企业股票月线图，根据其趋势各选出一只比较符合强周期特性的代表股票。

7. "PPI+社会融资" 与美林时钟部分：仔细分析图 2-11，估计并预测 2020~2021 年的趋势，判断所处的周期阶段，并选择合适的资产配置。

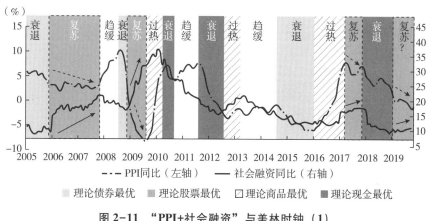

图 2-11　"PPI+社会融资" 与美林时钟（1）

8. "PPI+社会融资" 与美林时钟部分：仔细分析图 2-12，梳理各阶段债券、股票、商品的特征，是否验证了此前所学的经济周期，基本规律是债券先动，股票随后，商品第三，当商品一涨，股票市场这一论断就快结束了。

参考答案 7 和答案 8：2020~2021 年，PPI 下降，社会融资则是下降转上升的过渡阶段，也就是说很可能是阶段 4 或阶段 1。即可能是衰退末期或复苏初期，该阶段持有债券没有问题，股票在低位持有也没有问题。

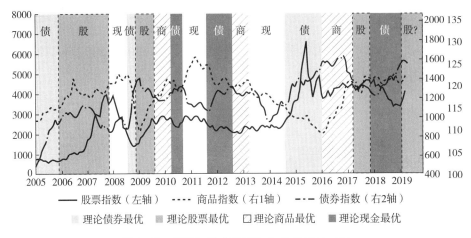

图 2-12 "PPI+社会融资"与美林时钟（2）

2005~2006 年，股票市场低位，债券市场表现最好，而 2006 年开始大牛市肯定是持有股票最好，接着 2007~2008 年是通货膨胀过热但是快速转衰退，比较困难，商品一开始能赚到钱，但也很容易赔钱。如果从 2008 年全年来看，肯定还是持有现金最好。

2009 年开始救市了，债券市场先牛，股票市场跟着涨，然后过热，商品接力，到了 2010 年下半年出现股债双杀，商品则延后半年，2011 年下半年，股债商三杀。2011 年社会融资下降 PPI 上升，是非常典型的滞胀期，肯定是现金为王，到了 2012 年社会融资反弹了，债券市场好一点，但股票市场还是没机会。

2013 年商品小幅反弹，当时有过热倾向，出现了资金荒，央行紧缩导致，股债双杀，2014 年 PPI 和社会融资都向下，进入衰退期，但也正是在这个时候，央行政策开始偏暖，债券再次率先走出牛市，紧跟着股票市场也出现牛市。2015 年出现了复苏，2016 年再次过热，大宗商品周期回归。接着去杠杆，债券市场开始下跌，股票市场挺了 1 年，2018 年开始下跌。到了 2018 年下半年，政策重新转向宽松，债券牛市回归，2019 年股票牛市回归，下一步肯定是商品回归，然后就又该现金为王了（见表 2-1）。

表 2-1　经济周期各阶段表现

经济周期	指标组合	时间	理论最优配置	实际最优配置	理论与现实是否一致
转向复苏	社会融资↑PPI↓	2005 年 11 月至 2007 年 10 月	股	股	是
		2008 年 12 月至 2009 年 7 月		股	是
		2017 年 3 月至 2017 年 10 月		股	是
趋于过热	社会融资↑PPI↑	2009 年 7 月至 2010 年 2 月	商	商	是
		2012 年 6 月至 2013 年 2 月		商	是
		2016 年 1 月至 2017 年 3 月		商	是
增长趋缓	社会融资↓PPI↑	2007 年 10 月至 2008 年 8 月	现金	现金	是
		2010 年 8 月至 2011 年 8 月		商（现金次优）	否
		2013 年 2 月至 2014 年 7 月		现金	是
步入衰退	社会融资↓PPI↓	2005 年 1 月至 2005 年 11 月	债	债	是
		2008 年 8 月至 2008 年 12 月		债	是
		2010 年 2 月至 2010 年 8 月		债	是
		2011 年 8 月至 2012 年 6 月		债	是
		2014 年 7 月至 2016 年 1 月		股（债次优）	否
		2017 年 10 月至 2019 年 1 月		债	是

【实验报告】

实验科目			
实验时间		实验地点	

实验要点：

实验内容记录：

分析：

实验中遇到的问题和收获：

实验完成情况：

指导教师签名：

日期：　　年　　月　　日

実验三

定投实验

【实验目的】

1. 理解定投的概念以及对象。

2. 了解定投的原理、技巧以及止盈策略。

3. 掌握定投的综合方法，可以进行简单的投资实践。

【实验原理】

一、定投

基金定投是定期定额投资基金的简称，是指在固定的时间以固定的金额投资到指定的开放型基金中。平常所说的基金主要是指证券投资基金。

二、定投的原理

如图 3-1 所示，一般将基金行情分为两类，一类是左侧（下跌），另一类是右侧（上涨）。而本书的定投，只适用于左侧下跌行情（左侧交易）。进入了右侧上升行情，那么定投则不适用。

定投的核心就是摊薄投资成本，在基金涨起来后，投出微笑曲线，产生收益（见图 3-2）。只有当基金不断下跌时才能摊低成本，如果开始上涨，再开始定投，就会抬高投资成本。

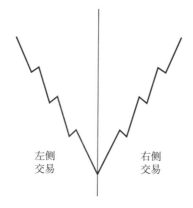

图 3-1 基金行情

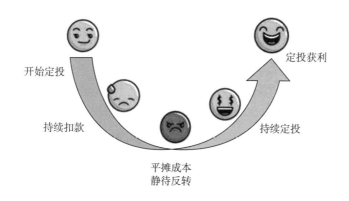

图 3-2 微笑曲线

三、定投的方法

方法一：选择高波动基金。

基金定期定额投资法，优点在于在高位买入较少份额，而在低位买入较多份额，从而实现更低的平均成本。因此，越是波动性高的基金，越适合用定期定额投资法。

方法二：选对定投日期。

选对定投日期很重要，一般来说，大多数定期定投的投资者都是采用每个月一次定投的方式。当然，随着定投平台的不断进步，可以实现按周甚至按日来进行定投。定投时间的选择，主要看个人。

方法三：利用基金转换。

定投者，往往会选择将富余的资金存放于货币基金中，待定投执行日前赎回进行定投。但是操作手续烦琐，且会损失赎回和定投之间因时间差造成的收益损失。因此，要利用好投资平台的定期转换功能，避免无谓的收益损失。

方法四：巧用价值平均投资法。

价值平均策略关注的不是每月固定投入多少，而是每月的资产净值固定上升多少。例如，假设第一个月以 1 元买入了 1000 份基金，次月股票市场表现大好，所购基金净值变成了 1.5 元，即基金市值变为 1500 元。若按照定期定额法，下一个月需要购买的基金数额依旧是 1000 元，但是用价值平均策略则不同了，要求到第二个月末基金的市值达到 2000 元，既然现在已经有 1500 元了，那么当月只需要投入 500 元买入 333.33 份基金即可。

方法五：资产组合+动态平衡。

"资产组合+动态平衡"就是股债均配，加定投，先分账户，再定投（请结合"实验内容"的 2 题、3 题进行理解）。

方法六：定点加强法。

所谓定点加强，是根据我们的自行判断（可结合下面的"止盈策略"），通过一定程度的主观判断来加强回报。常见的定点加强法：①可以是基于指数或者估值；②与"资产组合+动态平衡"相结合；③遇到股票市场大跌补一份。

方法七：封基也可做定投。

虽然定期定投一直为开放式基金所推崇，但其实封闭式基金一样可以进行定投，只不过需要我们在二级市场上自行操作。相比开放式基金，封闭式基金因为折价率，可以为我们提供更多的安全边际，而且封闭式基金买卖的佣金也低于开放式基金的申购费用，从而可以实现更低的入市成本。

四、止盈策略

投资者在金融市场赔钱主要存在两个问题：一是买贵，二是卖早，即进入和退出市场的时机存在偏差。那么下面就来解决金融市场上买卖时机的问题。

方法一：看市值。

主要通过 A 股的总市值/M2 这一指标衡量（见图 3-3）。当 A 股的总市值/M2 的值低于 30% 时，则该进入；如果该值低于 20%，则是进入市场更好的时机。

方法二：通过杠杆周期来判断市场宏观趋势。

通过 M2-GDP 的指标来确定杠杆周期，两者在时间趋势上基本吻合，当 M2 大于 GDP 时，就是一个实体经济加杠杆的过程，此时有利于股债的表现，牛市基本都是发生在明显的加杠杆周期，而去杠杆时，股票市场表现通常比较惨淡（见图 3-4）。

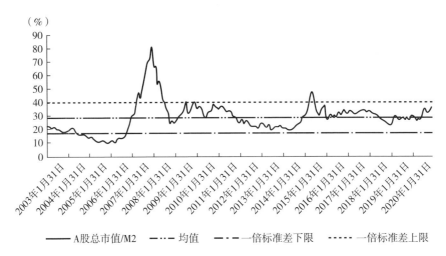

图 3-3　A 股（不含科创板）总市值/M2 位于 2003 年以来 73.4%分位

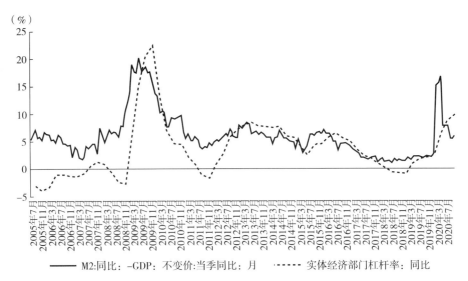

图 3-4　控杠杆意味着新冠疫情期间大幅增长的流动性要开始回归正常水平

方法三：通过信用周期观测。

信用周期的代表就是社会融资指标，社会融资同比增加时，股票市场通常都表现不错，社会融资大幅下降时，就代表信用收缩，股票市场往往表现很差。所以股票市场最好的投资时期，就是社会融资在底部明显回升时，但通过社会融资，并不太好把握股票市场的退出时点（见图3-5）。

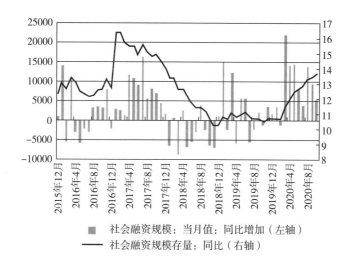

　　　■　社会融资规模：当月值：同比增加（左轴）
　　　──　社会融资规模存量：同比（右轴）

图3-5　2018年"紧信用"，2020年"宽信用"

方法四：看债券和商品价格。

债券从熊市转入牛市的一年内，通常股票市场都会走牛，这也符合资产轮动理论，"债券在先，股市在后，商品第三"，等商品涨起来，股票市场的机会也就即将终结（见图3-6）。

方法五：股权风险溢价。

股权风险溢价就是股票的盈利收益率比债券的收益率，而股

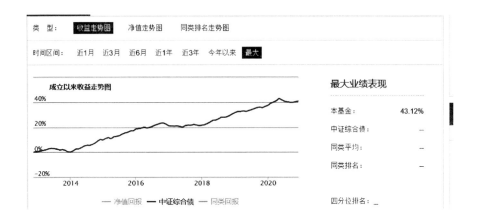

图 3-6　基金走势

票的盈利收益率，就是整个市场市盈率的倒数，当股票的盈利收益率很大时，投资股票有优势，超过一倍标准差就是买点，低于负一倍标准差就是卖点，不高不低则一直持有（见图 3-7）。

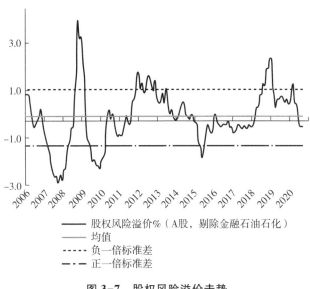

—— 股权风险溢价%（A股，剔除金融石油石化）
—— 均值
········· 负一倍标准差
—·—· 正一倍标准差

图 3-7　股权风险溢价走势

以上的每一种方法都有其优点和缺点，这其实也是宏观分析和市场分析的精髓所在，应该综合使用来支持我们的投资决策。

【实验内容】

1. 自选某一基金进行行情观测，结合实验原理内容进行行情分析（结合止盈策略所提供的相关指标），说明什么时候应该进入和退出市场？

2. 菲菲想利用 20 万元进行定投，并将自己的账户分成两部分——债券部分和股票部分，各 10 万元。债券部分的 10 万元直接一次性买入广发纯债和新华纯债（债券缺乏波动性，不能做定投）；股票部分的 10 万元则进行定投。未来 3 年，这两部分都结合菲菲自己每月工资的结余（每月固定结余 4000 元）进行定投。请根据定投方法计算每个月在债券部分和股票部分的定投金额。

3. 第二题中，菲菲的债券部分分成新华纯债和广发纯债两部分。现在菲菲在股票部分希望分成 3 个账户（大股票（上证 50＋沪深 300）、小股票（中证 500＋创业板）、海外股票（恒生指数））进行定投（上证 50（2 万元、定投 30 个月）、沪深 300

（2 万元、定投 30 个月）、中证 500（2 万元、定投 15 个月）、创业板（2 万元、定投 15 个月）、恒生指数（2 万元、定投 20 个月）），请计算各个账户每月的定投金额。

4. 假设现在你手上有 50 万元，定投期限为 5 年，请在交易软件中自行选择股票和基金进行定投方案设计，并计算收益。完成后与同学所得收益进行比较，并比较各自方案的差异。

【实验步骤】

1. 明确实验目的。

2. 理解实验原理。

3. 完成实验内容。

【实验报告】

实验科目			
实验时间		实验地点	

实验要点：

实验内容记录：

分析：

实验中遇到的问题和收获：

实验完成情况：

指导教师签名：

日期： 年 月 日

实验四

如何挑选一只好基金

【实验目的】

1. 了解基金的各种类型，熟悉各种基金的特征和投资操作要点。

2. 针对不同类型的基金筛选出相对较好的基金。

3. 运用证券投资中基本分析和技术分析的相关知识解决投资基金的运作问题，进一步提高分析和运作基金的能力。

【实验原理】

基金的本质是一种由专业人士负责管理的集合投资。投资人出钱，专业人士出力。收益、风险由投资人共担共享。在整个投资过程中，基金公司接受证监会严格的监管。投资人的资金由托管银行设立专用账户进行资金托管，保证资金安全。

按照运作方式的不同，基金可以分为开放型基金和封闭型基金（见图4-1）。开放型基金的基金份额不固定，投资者可以在基金公司、银行、第三方代销机构随时买卖；封闭型基金在合同期限内的规模是固定的，在封闭期内不能申购和赎回，但是成立后可以在交易所挂牌交易。

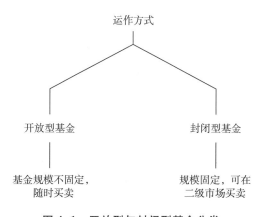

图4-1　开放型与封闭型基金分类

按照投资对象不同，基金可以分为货币型基金、债券型基金、股票型基金和混合型基金。不同种类基金收益率高低顺序排名及持有期如下：

No.1 股票型（平均年化 14.11%）：资金 80% 以上比例投资股票；持有期较长。

No.2 混合型（平均年化 13.16%）：各种资产均有投资，股票占比不高于 80%；持有期较长。

No.3 债券型（平均年化 6.4%）：资金 80% 以上比例投资债券；持有期在一年左右。

No.4 货币型（平均年化 2.56%）：主要投资于银行存款、短期债券等保本型产品；短期持有。

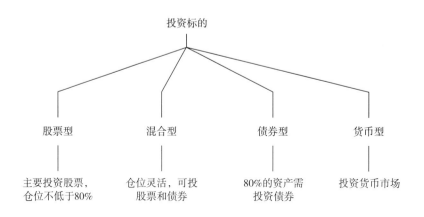

图 4-2　货币型、债券型、混合型、股票型基金

基金风险：一是持有时间越短，风险越低，收益越低；二是持有期越长，风险越大，潜在收益也越大。

具体分类和特点总结如表 4-1 所示。

表 4-1　基金分类及特点

分类依据	名称	投资标的物	投资周期	风险	收益率
投资对象	货币型基金	银行存款、短期债券	现金替代品	低风险	2%~3%
	债券型基金	国债、企业债（80%以上比例）	定期存款	中低风险	6%~8%
	股票型基金	股票（80%以上比例）	长期持有	高风险	14%左右
	混合型基金	货币、债券、股票（股票比例不高于80%）	长期持有	中高风险	13%左右
其他	QDII基金	境外资本市场债券、股票	依市场变化而定	高风险	18%左右

按照投资理念的不同，基金又可以分为主动型基金和被动型基金（见图 4-3）。主动型基金是以获取超越市场表现为目标的，基金经理需要精选个股，以获得阿尔法收益；被动型基金又称指数基金，一般选定特定指数的成份股进行投资，不主动寻求超越市场的表现，而是试图复制指数的表现。

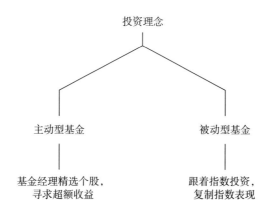

图 4-3　主动型与被动型基金

如何判断基金分布在哪些行业呢？①可以通过基金所募集的资金投向来判断其行业，如股票型基金所募集的资金，其前十大股票主要是 5G 概念的股票，则可以判断该基金属于 5G 行业，如果其前十大股票主要投资的是黄金概念的个股，则可以判断该基金属于黄金行业。②可以从基金的名字初步判断其行业，如 5Getf 基金，则说明它属于 5G 行业，嘉实原油（160723）则说明它属于石油行业。③可以从其跟踪标的指数来判断，如易方达中证军工 Getf，其跟踪标的为中证军工指数，则可以判断它属于军工行业。

投资者可以从基金的行业配置中去看该基金各行业的配置比例，从而确定它属于哪些行业，也可以通过基金的招股公告了解基金所属行业。

【实验内容】

1. 分别找一只货币型基金、债券型基金和股票型基金。

2. 分析各只基金的风险和收益情况。

3. 分析各只基金的基金概况（基金名称、代码、存续时间、申购赎回的开放时间、基金管理人、成立时间等）。

4. 分析各只基金的基金经理、费率结构、基金公司的情况以及最近三年的分红情况。

5. 分析各个基金的操作策略和风格。

（1）重点分析基金是主动型基金还是被动型基金，是价值型基金还是成长型基金？

（2）2019~2020 年的投资组合公告显示基金的持仓股票发生怎样的调整（前十大重仓股）？

6. 说明各种基金适合哪类投资者投资？

7. 在前文分析的基础上，构建适合自己的投资组合。

【实验步骤】

1. 货币基金怎么选

货币基金虽然持有周期偏短，但首先还是要关注收益率。推荐直接登录天天基金网，查看排名。

具体操作步骤：打开【天天基金网】—基金数据中选择【基金筛选】—点击【货币基金排行】—选择【近三年】作为收益率排行依据。得到如图 4-4 所示的榜单。

| 开放基金排行 | 自定义排行 | 场内交易基金排行 | 货币基金排行 | 理财基金排行 | 香港基金排行 | 定投排行 [意见反馈] | 查看最新 |

货币基金排行榜，每个交易日17点后更新。（货币基金的单位净值均为1.0000元，最新一年期定存利率：1.50%）货币基金收益结转日一览

按起购金额筛选：**全部** 100元起（A类） 500万起（B类）　　　　按基金公司筛选：输入基金公司名称筛选▼

比较	序号	基金代码	基金简称	日期	万份收益	年化收益率 7日	14日	28日	净值	近1月	近3月	近6月	近1年	近2年	近3年	近5年	今年来	成立来	手续费	可购/全部
☐	1	004972	长城收益宝货币A	08-06	0.6637	2.4740%	2.53%	2.52%	—	0.21%	0.65%	1.32%	2.71%	5.63%	8.98%	—	1.60%	13.37%	0费率	购买
☐	2	004137	博时合惠货币B	08-07	0.6968	2.6000%	2.61%	2.61%	—	0.22%	0.66%	1.35%	2.72%	5.44%	8.93%	—	1.64%	16.57%	0费率	购买
☐	3	004417	兴全货币B	08-06	0.5692	2.4020%	2.45%	2.44%	—	0.21%	0.64%	1.31%	2.67%	5.40%	8.78%	—	1.60%	15.61%	0费率	购买
☐	4	005151	红土创新优淨货币	08-06	0.5030	2.5100%	2.22%	2.22%	—	0.18%	0.60%	1.26%	2.56%	5.36%	8.77%	—	1.54%	13.19%	0费率	购买
☐	5	002890	交银天利宝货币	08-06	0.7006	2.6110%	2.61%	2.61%	—	0.22%	0.67%	1.37%	2.73%	5.39%	8.74%	—	1.67%	16.93%	0费率	购买
☐	6	000837	国投瑞银钱多宝货	08-06	0.5913	2.5730%	2.44%	2.35%	—	0.20%	0.61%	1.23%	2.55%	5.30%	8.73%	18.03%	1.49%	24.92%	0费率	购买
☐	7	000836	国投瑞银钱多宝货	08-06	0.6297	2.6350%	2.47%	2.36%	—	0.20%	0.61%	1.23%	2.55%	5.30%	8.73%	18.04%	1.49%	24.92%	0费率	购买
☐	8	001234	国金众赢货币	08-06	0.6640	2.5700%	2.53%	2.51%	—	0.21%	0.63%	1.28%	2.57%	5.26%	8.72%	17.43%	1.56%	22.10%	0费率	购买
☐	9	003474	南方天天利货币B	08-06	0.6487	2.4930%	2.49%	2.48%	—	0.21%	0.63%	1.28%	2.55%	5.21%	8.70%	—	1.57%	17.18%	0费率	购买

图 4-4　基金榜单

其次看规模，规模要在 5 亿元以上，保证收益的稳定性。很多人在选基金时追求大的基金公司，因为它们的经济规模比较大。成本问题，如审计、销售、信息披露费用，这些都是固定成本，而这个成本需要分摊到基金的单位份额上，基金的规模越大，分摊的比例就越小。这就是为什么我们看到很多大规模的基金费用相对较低的原因。

点开排名前三的基金，可以具体了解基金情况，基金规模均满足要求，都可以加入自选，短期看谁的收益高进行轮换配置。

2. 债券基金怎么选

第一步：选业绩持续优秀的基金。业内比较认可的业绩筛选方法是"4433"法则。

第一个 4：选择 1 年期业绩排名在同类基金中排前 1/4 的基金。

第二个 4：选择 2 年、3 年、5 年业绩排名在同类基金中排前 1/4 的基金。

第一个 3：选择近 6 个月业绩排名在同类基金中排前 1/3 的基金。

第二个 3：选择近 3 个月业绩排名在同类基金中排前 1/3 的基金。

"4433"法则兼顾长中短期业绩，可以选出业绩持续优秀的基金。

第二步：选风险低的基金。这里的风险主要是回撤风险，债基一般选择最大回撤在 5% 以内的基金。

第三步：优秀的基金公司＋优秀的基金经理。

首先要清楚地了解各个基金擅长的风格；其次挑选从业经验在 3 年以上的成熟基金经理，一般偏债类基金经理过往业绩年化在 6% 以上为佳。

第四步：要选择基金成立时间在 3 年以上的，3 年左右基金稳定运转，收益率才有可对比性。

第五步：调研。关注基金经理在业内的评价，以及发表的投资观点、秉持的投资理念，让自己对该基金有更深入的理解。

通过以上五步，就能帮助大家选出适合投资、收益可观的债券型基金。

3. 股票基金怎么选

选择的方法和债券型基金类似，但是细化的指标会有一些区别。

第一步：还是业绩为王。业绩最能证明基金的优秀程度。选择标准还是业内认可的"4433"法则，兼顾长中短期业绩。

第二步：选风险较低的基金。股票基金回撤一般都会比较大。有数据表明，最大回撤在30%以内，散户通常可以接受。考虑到回撤承受能力，一般选最大回撤（从最高点下跌到最低点的幅度）在30%以内的基金。

第三步：选优秀的基金公司+优秀的基金经理。基金公司的选择标准没有变化，掌握各基金公司的风格类型即可。股票基金的基金经理要求更高，要选择有4年以上从业经验的成熟基金经理，并且一般过往业绩在15%以上为佳。

第四步：选基金规模和基金成立时间。一般情况下，基金规模在5亿~50亿元比较合适，规模过小对于业绩具有负面影响。而基金成立也最好在3年以上，保证收益率才具有可对比性。

第五步：深入调研。首先，一定要去观察这只基金的历史持仓投资记录，包括仓位偏好、仓位调整频率、行业偏好等内容。其次，就是要看这个基金经理的历史言论，其中最重要的就是搞清楚基金经理的投资逻辑。对比其言论和投资实际操作，看是否能做到言行合一。最后，查看资深投资者、同行的评价。基金是个较小的圈子，一般优秀的基金内行人普遍公认，明星基金更是如雷贯耳。

案例：用Wind具体讲解股票型基金的筛选实操过程。

第一步：打开Wind金融终端—基金—基金研究。

第二步：点击【4433】好基金。

第三步：选择【股票型基金】，设置【最大回撤近一年<30%】、【成立时间>3年】、【基金规模5亿~50亿元】。

第四步：要找的基金不仅要牛市行情表现好，熊市依然要表现出色，因为2018年为A股历史第二大熊市，所以【按近3年收益率进行排名】，从上到下依次对比分析筛选剩下的基金，在基金前面的小框内【打√】，点击右上角【对比分析】。

第五步：精选出表现相对较好的基金，将它们更详细的数据依次记录下来，6个月、1年、2年、3年、5年和总回报业绩，最大回撤、夏普比率等风险指标全部汇总到Excel表格中，建立一个基金池。

补充：夏普比率计算公式为 $[E(Rp)-Rf]/\sigma_p$

其中，E(Rp) 为投资组合预期报酬率；Rf 为无风险利率；σ_p 为投资组合的标准差。

从组合的字面意思就能理解，每一份收益对应了多少风险。所以夏普比率是收益和风险的系数，夏普比率大于1，就说明收益大于风险，而小于1就说明收益小于风险。不过这个数据也是动态的，基金表现好时，夏普比率就大，而这个基金表现欠佳时，夏普比率就小。所以它不适用于自己跟自己比，而适用于同一时间、几只同类基金的横向比较。

第六步：详细分析基金经理，选出历史业绩15%以上、从业4年以上的基金经理。对基金经理做出准确判断，看到底是能力强还是运气好，优秀的基金经理能越过周期，有自己的投资思路。同时精选老牌基金公司的明星基金，如富国天惠、海富通阿尔法对冲，在业内普遍公认为优秀。

第七步：在雪球、天天基金调研资深投资者，专业内行人对基金池中基金的评价，选出普遍公认的好基金。同时进一步阅读相关基金的年报、季报，基金经理发表的文章、接受采访以及公开发表的言论，基金公司的宣传材料等公开资料，验证基金业绩的持续性。

第八步：按照【风险评价】策略分配每只基金的比例。

通过以上步骤操作，相信同学们可以选出合适且优质的基金并进行基金组合投资了。

案例：兴全合润混合（LOF）（163406）。

第一步，先看基金所属的基金公司，这家基金公司名称是兴证全球基金管理有限公司，管理基金规模超 5000 亿元，在国内排名前 20，属于非常优秀的基金公司，这家公司还有其他代表性基金，如兴全趋势、兴全合宜等（见图 4-5）。

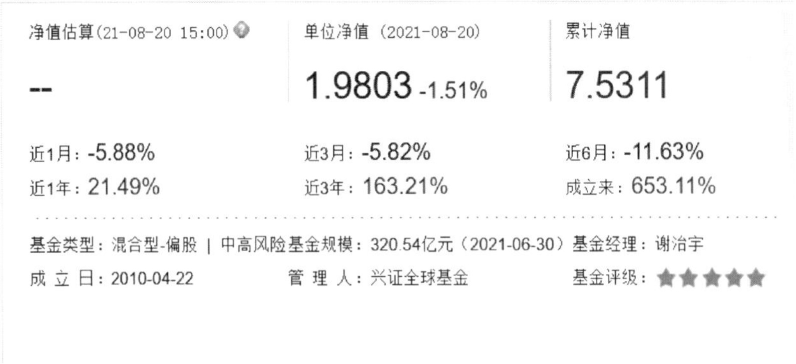

净值估算(21-08-20 15:00)	单位净值（2021-08-20）	累计净值
--	**1.9803** -1.51%	**7.5311**
近1月: -5.88%	近3月: -5.82%	近6月: -11.63%
近1年: 21.49%	近3年: 163.21%	成立来: 653.11%

基金类型: 混合型-偏股 | 中高风险基金规模: 320.54亿元（2021-06-30）基金经理: 谢治宇
成 立 日: 2010-04-22　　管 理 人: 兴证全球基金　　基金评级: ★★★★★

图 4-5　兴全合润混合

第二步，查看这只基金的基本情况。

1）从名称暂时判断不出投资的行业。

2）2010年成立，已经有10年时间，整体收益有653.11%，近一年收益也有21.49%，近3年收益翻了一倍，收益很不错。

3）管理规模是320.54亿元，基金规模很大，值得信赖，但是基金经理相对谨慎，不灵活。

4）基金类型：混合型，股票和债券可自由组合，属于中高风险，如果是风险爱好者，可以考虑，风险厌恶者则慎重。

5）看持仓，投资行业比较分散，但只投各个行业的龙头企业。

第三步，查看这只基金的过往表现，过往业绩是最可靠的数据（见图4-6）。

〇 季度涨幅明细				来源：天天基金
时间	1季度涨幅	2季度涨幅	3季度涨幅	4季度涨幅
2021年	3.40%	4.09%	---	---
2020年	0.38%	27.90%	15.84%	17.78%
2019年	35.77%	6.65%	4.61%	7.53%
2018年	-4.14%	-7.15%	-6.08%	-10.92%
2017年	-0.92%	4.40%	7.48%	14.90%
2016年	-10.42%	4.21%	4.86%	-5.50%
2015年	26.48%	25.53%	-12.73%	35.21%
2014年	1.84%	5.76%	13.21%	13.45%
2013年	10.50%	3.36%	12.14%	3.41%
2012年	-0.14%	2.27%	-6.04%	7.13%
2011年	-2.11%	-4.98%	-10.22%	-5.29%
截止至：2021-06-30			风险提示：收益率数据仅供参考，过往业绩不预示未来表现！	

图4-6　基金过往业绩

总体来看，涨的季度居多，跌的季度偏少，2011 年和 2018 年股票市场行情很不好，受行情影响，这两年跌的基金最大回撤率有 30.94%，说明这只基金赚钱能力很强，控制回撤的能力相对较弱。近三年的夏普比率是 1.55，收益大于风险，在同类基金中是比较好的选择。

第四步，基金最重要是看它的基金经理（见图 4-7）。

起始期	截止期	基金经理	任职期间	任职回报
2013-02-07	至今	谢治宇	8年又198天	675.12%
2013-01-29	2013-02-07	张惠萍 谢治宇	9天	0.33%
2012-02-21	2013-01-29	张惠萍	343天	11.57%
2010-05-25	2012-02-21	张惠萍 王海涛	1年又272天	-11.35%
2010-04-22	2010-05-25	张惠萍	33天	-2.09%

○ 现任基金经理简介

姓名：×××
上任日期：2013-01-29

1981年生，经济学硕士。历任兴全基金管理有限公司研究部研究员，专户投资部投资经理，兴全轻资产投资混合型证券投资基金(LOF)基金经理。现任基金管理部投资总监、兴全合润分级混合型证券投资基金经理(2013年1月29日起至今)、兴全合宜灵活配置混合型证券投资基金经理(2018年1月23日起至今)、兴全社会价值三年持有期混合型证券投资基金投资经理(2019年12月26日至今)。

图 4-7 基金经理情况

×××从 2013 年上任至今一直管理这只基金，任期超过 10 年，比较稳定，在职期间的回报是 675.12%，表现优秀。投资风格偏向于大盘型的价值投资，比较稳重。

前十持仓占比 44.20%，投资的行业比较分散，偏向于每个行业的龙头。从资产配置明细表可以看出，股票持仓一直在 85%

以上，这是一个相对来说比较激进的基金（见图4-8）。

报告期	基金投资风格
2021年2季度	大盘价值
2021年1季度	大盘价值
--	大盘价值
2020年4季度	大盘价值
2020年3季度	大盘价值
2020年2季度	大盘成长
2020年1季度	大盘价值
2019年4季度	大盘价值

股票持仓　债券持仓　　更多 ›

股票名称	持仓占比	涨跌幅	相关资讯
海尔智家	8.35%	-2.72%	股吧
平安银行	6.15%	-4.52%	股吧
海康威视	5.89%	-2.44%	股吧
兴业银行	4.34%	-1.56%	股吧
万华化学	3.88%	-1.98%	股吧
锦江酒店	3.40%	-0.37%	股吧
芒果超媒	3.22%	-3.69%	股吧
晶晨股份	3.12%	2.33%	股吧
普洛药业	2.96%	-2.39%	股吧
健友股份	2.89%	-2.30%	股吧

前十持仓占比合计：　44.20%

○ 资产配置明细

报告期	股票占净比
2021-06-30	85.66%
2021-03-31	88.12%
2021-01-21	89.41%
2020-12-31	86.94%
2020-09-30	90.48%
2020-06-30	87.88%
2020-03-31	91.33%
2019-12-31	90.54%
2019-09-30	92.43%
2019-06-30	90.29%
2019-03-31	92.63%
2018-12-31	86.19%
2018-09-30	89.25%
2018-06-30	87.64%
2018-03-31	87.93%
2017-12-31	88.33%
2017-09-30	87.64%
2017-06-30	86.56%

图4-8　基金持仓表现

总体来说，这只基金的优点是收益很高，偏向于热门行业的龙头企业，适合长期投资。缺点是择时能力相对较差，3 年的最大回撤率较高，需要考验投资者的心理承受能力。

注意：

1. 建议基金长期持有，不要在短期内反复操作。

2. 建议不要买热门基金。华尔街有研究机构做了测试，选择一段时间涨最多的基金，一段时间跌最多的基金，和指数基金作对比，发现买热门基金的收益最差。

3. 建议也不要买冷门基金，无法判断冷门基金涉及的行业是不是趋势性衰退。

4. 建议不买新发基金，因为当一个基金经理取得好业绩时，往往会乘胜追击，赶紧准备另一只新基金，和追热门基金类似。

5. 本实验报告仅供实验参考，不对任何投资行为负法律责任。

【实验报告】

实验科目			
实验时间		实验地点	

实验要点：

实验内容记录：

分析：

实验中遇到的问题和收获：

实验完成情况：

指导教师签名：

日期：　　年　　月　　日

实验五

估值实验（金融行业）

【实验目的】

1. 了解金融类行业。

2. 用特有的方法对金融行业（银行板块）进行估值。

3. 能够看懂金融行业的财务报表，掌握银行专项指标的用法。

【实验步骤】

第一步：确定所要估值的企业所在行业，如消费行业、科技行业或金融行业等。

第二步：公司在所处的行业中的地位如何？简单地判断公司在行业里是不是有一席之地或者有巨大的成长空间？主营业务如何？

第三步：锁定公司业绩处于什么阶段，如缓慢增长、稳定增长、高速增长、不增长、业绩波动、逐年下滑等。

第四步：打开证券软件（东方财富、同花顺等）F10查找年度数据简单地进行经营分析。

第五步：估值分析，判断公司属于哪一种类型，选择合适的方法进行估值。

【实验内容】

本篇主要针对金融行业，以工商银行为例进行估值。

第一步：工商银行所在的行业是金融行业，金融行业包括银行业、证券、保险、其他金融类行业。

第二步：工商银行是 A 股上市公司银行业中市值最大的银行，也是银行业中最具代表性的银行。主营业务是吸收存款、发放贷款等一系列金融类活动。各大中小城市中经常见到工商银行网点。

第三步：公司业绩处于什么阶段？这里将公司业绩分为 6 种类型。

缓慢增长：营业收入常年处于缓慢上涨的状态，重点在股息分红率。

稳定增长：利润增长率和市盈率的关系，也就是 PEG。

高速增长：看主营业务收入爆发力，可用 PEG。

业绩波动：每一年度的业绩没有固定规律的增长或下跌，是一种起伏的波动状态。例如，强周期类行业，此类判断比较困难，需要抓住行业拐点，要对经济周期和行业周期有所了解，不宜使用 PEG 来进行估值。

不增长：业绩常年处于平衡的区间内，此类个股找不到收入增长的"点"，无起色，想要增长只能依靠行情。

逐年下滑：业绩逐年下降，甚至处于不断亏损状态，此类股票就没有估值研究的必要了。

第四步：经营分析。常用的股票类软件即可，本实验可用同花顺软件来进行分析。

主要财务指标如图 5-1 所示。

图 5-1　工商银行的基本情况

资产负债表如表 5-1 所示。

表 5-1　工商银行的资产负债表　　　　　　　　　　单位：元

科目		年份 2020	2019	2018	2017	2016
资产	现金及存放中央银行款项	**3.54 万亿**	**3.32 万亿**	**3.37 万亿**	**3.61 万亿**	**3.35 万亿**
	存放同业款项	5229.13 亿	4753.25 亿	3846.46 亿	3700.74 亿	2700.58 亿
	贵金属	2777.05 亿	2380.61 亿	1812.92 亿	2387.14 亿	2200.91 亿
	拆出资金	5589.84 亿	5670.43 亿	5778.03 亿	4775.37 亿	5274.15 亿
	交易性金融资产	7844.83 亿	9620.78 亿	8053.47 亿	4409.38 亿	4744.75 亿
	衍生金融资产	1341.55 亿	683.11 亿	713.35 亿	890.13 亿	944.52 亿
	买入返售金融资产	7392.88 亿	8451.86 亿	7340.49 亿	9866.31 亿	7556.27 亿
	发放贷款及垫款	18.14 万亿	16.33 万亿	15.05 万亿	13.89 万亿	12.77 万亿
	可供出售金融资产	—	—	—	1.50 万亿	1.74 万亿
	持有至到期投资	—	—	—	3.54 万亿	2.97 万亿
	应收款项类投资	—	—	—	2771.29 亿	2913.70 亿
	长期股权投资	412.06 亿	324.90 亿	291.24 亿	324.41 亿	300.77 亿
	固定资产	2490.67 亿	2449.02 亿	2535.25 亿	2161.56 亿	2206.51 亿
	无形资产	—	—	—	—	—
	递延所得税资产	677.13 亿	625.36 亿	583.75 亿	483.92 亿	283.98 亿
	其他资产	4535.92 亿	2442.83 亿	2009.10 亿	3350.12 亿	3682.32 亿
	资产总计	33.35 万亿	30.11 万亿	27.70 万亿	26.09 万亿	24.14 万亿
负债	向中央银行借款	549.74 亿	10.17 亿	4.81 亿	4.56 亿	5.45 亿
	同让及其他金融机构存放款项	2.32 万亿	1.78 万亿	1.33 万亿	1.21 万亿	1.52 万亿
	拆入资金	4686.16 亿	4902.53 亿	4862.49 亿	4919.48 亿	5001.07 亿
	以公允价值计量且其变动计入当期损益的金融负债	879.38 亿	1022.42 亿	874.00 亿	893.61 亿	3667.52 亿

续表

科目	年份 2020	2019	2018	2017	2016
负债 衍生金融负债	1409.73亿	851.80亿	735.73亿	785.56亿	899.60亿
卖出回购金融资产款	2934.34亿	2632.73亿	5148.01亿	1.05万亿	5893.06亿
吸收存款	25.13万亿	22.98万亿	21.41万亿	19.56万亿	17.83万亿
应付职工薪酬	324.60亿	353.01亿	336.36亿	331.42亿	328.64亿
应交税费	1053.80亿	1096.01亿	956.78亿	825.50亿	635.57亿
应付债券	7981.27亿	7428.75亿	6178.42亿	5269.40亿	3579.37亿
递延所得税负债	28.81亿	18.73亿	12.17亿	4.33亿	6.04亿
其他负债	6647.15亿	4764.15亿	3652.46亿	5584.52亿	5940.49亿
负债合计	30.44万亿	27.42万亿	25.35万亿	23.95万亿	22.16万亿
所有者权益或股东权益 实收资本（或股本）	3564.07亿	3564.07亿	3564.07亿	3564.07亿	3564.07亿
资本公积	1485.34亿	1490.67亿	1519.68亿	1519.52亿	1519.98亿
其他综合收益	−104.28亿	−12.66亿	−118.75亿	−620.58亿	−217.38亿
其他权益工具	2258.19亿	2061.32亿	860.51亿	860.51亿	860.51亿
其中：优先股	—	—	—	—	—
盈余公积	3229.11亿	2922.91亿	2617.20亿	2327.03亿	2050.21亿
一般风险准备金	3397.01亿	3050.19亿	2790.64亿	2648.92亿	2513.49亿
未分配利润	1.51万亿	1.37万亿	1.21万亿	1.10万亿	9406.63亿
外币报表折算差额	—	—	—	—	—
归属于母公司所有者权益合计	2.89万亿	2.68万亿	2.33万亿	2.13万亿	1.97万亿
少数股东权益	160.13亿	158.17亿	148.82亿	135.65亿	114.12亿
股东权益合计	2.91万亿	2.69万亿	2.34万亿	2.14万亿	1.98万亿
负债和所有者权益总计	33.35万亿	30.11万亿	27.70万亿	26.09万亿	24.14万亿

银行专项指标如表5-2所示。

表5-2 工商银行的银行专项指标

年份 科目	2020	2019	2018	2017	2016	2015
资本充足率（%）	**16.88**	**16.77**	**15.39**	**15.14**	**14.61**	**15.22**
核心资本充足率（%）	—	—	11.54	11.65	11.71	11.83
拨备覆盖率（%）	180.68	199.32	175.76	154.07	136.69	156.34
存款总额（元）	25.13万亿	22.98万亿	21.41万亿	19.23万亿	17.83万亿	16.28万亿
贷款总额（元）	18.62万亿	16.76万亿	15.42万亿	14.23万亿	13.06万亿	11.93万亿
存贷款比例（%）	72.80	71.60	71.00	71.10	70.90	71.40
不良贷款（元）	2939.78亿	2401.87亿	2350.84亿	2209.88亿	2118.01亿	1795.18亿
不良贷款率	1.58	1.43	1.52	1.55	1.62	1.50
单一最大客户贷款比例（%）	3.50	3.10	3.80	4.90	4.50	4.20
最大十家客户贷款比例（%）	14.80	12.60	12.90	14.20	13.30	13.30
资本净额（元）	3.40万亿	3.12万亿	2.64万亿	2.41万亿	2.13万亿	2.01万亿
核心资本净额（元）	—	—	—	—	—	—
加权风险资产净额（元）	20.12万亿	18.62万亿	17.19万亿	15.90万亿	14.56万亿	13.22万亿
短期资产流动性比例（%）	43.20	43.00	43.80	41.70	35.70	35.50
非利息收入（元）	2359.00亿	2482.38亿	2012.71亿	2044.24亿	2040.45亿	1897.80亿
非利息收入占比（%）	26.70	29.00	26.00	28.10	30.19	27.20
净息差（%）	2.15	2.24	2.30	2.22	2.16	2.47
净利差（%）	1.97	2.08	2.16	2.10	2.02	2.30

以上数据都可以在 F10 中查找到，下面将着重研究的数据选择出来进行分析。

主要财务指标如表 5-3 所示。

表 5-3　工商银行的主要财务指标

营业收入	8826.65 亿元			
每股股价	4.72 元			
净利润	3159.06 亿元			
扣非净利润	3140.97 亿元			
每股收益	0.86 元			
股本	3564.1 亿元			
真实市盈率（TTM 滚动市盈率）	5.63%			
动态市盈率（当年利润）	5.83%			
静态市盈率（市盈率基本数据里有）	5.7%			
最高市盈率	9.66%	同花顺在问财里直接查找，上市满 10 年以		
最低市盈率	4.32%	10 年为例，不满 10 年以 5 年为例。所选公		
市净率	0.69%	司不可少于 3 年，否则估值无意义		
净资产收益率 ROE	11.95%			
净利率（净利润/主营业务收入）	35.99%			
预测未来 1 年业绩	3350.09 亿元	F10 右上角有盈利预测，以此来预估未来		
预测未来 2 年业绩	3568.17 亿元	业绩		
预测未来业绩增长率	6.5%			
资产负债表：				
总资产	33.35 万亿元			
负债	30.44 万亿元			

净资产（总资产-负债）	2.91 万亿元
现金及存放中央银行款项	3.54 万亿元（金融企业存放在中央银行的各种款项）
商誉	无（公司没有靠收购来产生收益，完全是自己生产利润）
向中央银行借款	559.59 亿元（银行业特有的指标，这个数目对工商银行来说不大，其他商行注意比例）
吸收存款	25.13 万亿元（吸收存款数额越多，创造利益也就越大）
资产负债率	91.27%（这个指标对于其他行业，是一个负向指标，资产负债率越高，企业经营风险也就越大。但是对于银行，资产负债率越高，表明吸收存款的能力就越强，存款越多可供银行发放的贷款也就越多，创造的经济效益也就越高）

银行专项指标是银行业独有的专项指标（见表5-4）。

表 5-4　工商银行的银行专项指标及意义

资本充足率	16.88%（代表银行对负债的最后偿债能力，工商银行是国有大银行，基本不存在破产风险）
拨备覆盖率	180.68%（考察的是银行财务是否稳健，风险是否可控，财务稳健的银行会很高，目的是冲抵银行坏账，一般情况下最低要求100%）
存款总额	25.13 万亿元（越高越好）
贷款总额	18.62 万亿元（越高越好）
不良贷款率	1.58%（最重要的指标，越低说明银行控制风险越好，坏账也就越少）
净息差	2.15%（指银行净利息收入和银行全部生息资产的比值。计算公式：净息差 =（银行全部利息收入-银行全部利息支出）/全部生息资产。相同的资产，净息差越高说明产生的利润也就越高）
净利差	1.91%（指平均生息资产收益率与平均计息负债成本率之差。计算公式：净利差 = 生息率-付息率。它衡量的是银行资金来源成本和运用收益之间的差额）

通过分析财报数据，得出结论：工商银行是非常稳健的一只大型银行股，营业收入和净利润逐年缓慢上升，未来两年业绩呈现缓慢上升趋势，拨备覆盖率维持在合理水平，存款总额和贷款总额也在逐年上升，代表会创造更多利润。不良贷款率、净息差、净利差常年维持在同一水平，不会对经营业绩造成扩大性的负面影响，也不会有自身经营性的风险。

第五步：估值分析。

判断工商银行是一家缓慢增长类金融型的股票。

这种类型的股票同样使用 PB 市净率与股息率两种方法相结合来进行估值。

市净率=每股股价（P）/每股净资产

2011~2020 年工商银行股价运行走势如图 5-2 所示。

图 5-2　2011~2020 年工商银行股价运行走势

2011~2020 年工商银行市净率走势如图 5-3 所示。

工商银行 (601398) 4.65 +0.09/+1.97%　加自选

工商银行 (601398.SH) 20110104~20201231市净率为1.06。

图 5-3　2011~2020 年工商银行市净率走势

　　工商银行平均市净率为 1.06%，2020 年 12 月 31 日的市净率为 0.69%。

　　工商银行股价一直处于上升与横盘整理的走势，市净率从最高的 1.87% 下跌到了 2020 年 12 月 31 日的 0.69%，平均为 1.06%。工商银行从 2011 年以来并没有增加股本，也就是没有增加体量，依照市净率计算工商银行总市值基本没有变化。再看看工商银行所有者权益（见图 5-4）。

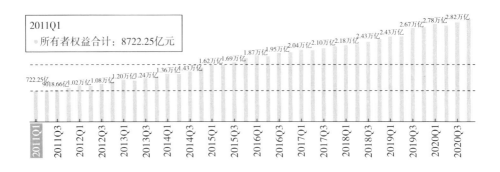

图 5-4　工商银行所有者权益合计（单位：元）

　　工商银行所有者权益从 2011 年的 8722 多亿元增长到了 2020 年的 3 万亿元。因为所有者权益的不断增加，股价又无变化导致市净率不断降低，证明工商银行的净资产是越来越多的，只不过暂时性的没有反映在股价上。

　　从市净率角度来看，工商银行处在低估值区间，比过去 10 年 1.06% 平均市净率低许多。

　　股息率估值如图 5-5 所示。

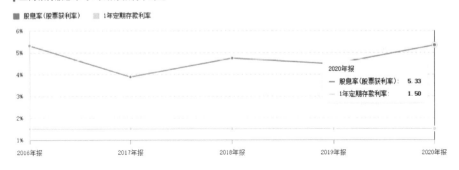

图 5-5　工商银行股息率估值

　　从工商银行 2020 年年报公布数据来看，工商银行股息率为 5.33%，近 3 年平均股息率为 4.85%，随着股价下跌进入到低估值区间，工商银行的股息率随之上升，一年定期存款利率为 1.5%，工商银行股息率比银行定期存款利息高出许多。通常来讲，业绩缓慢增长类型的股票股息率达到 4.5% 以上，表明该股票有配置的价值。[①]

练习：这是一套非常有用的理论结合实战的估值体系。需要去消化练习吸收。找一家金融行业的上市公司，进行公司质地分析，分析财务报表，并对公司进行估值，判断出处于当前高估还是正常估值或者低估的状态。

拓展：分析银行板块所处的估值位置，并说明理由。

---

① 本部分只用于金融实验案例教学，不构成荐股，不承担任何责任。

【实验报告】

实验科目			
实验时间		实验地点	

实验要点：

实验内容记录：

分析：

实验中遇到的问题和收获：

实验完成情况：

指导教师签名：

日期： 年 月 日

实验六

估值实验（科技行业）

【实验目的】

1. 了解科技类行业。
2. 能够对科技类行业股票的财务报表做到简单分析。
3. 会运用合适的方法对科技类行业的股票进行估值。

【实验步骤】

第一步：确定所要估值的企业所在的行业，如果是消费行业或者科技行业、金融行业等。

第二步：公司在所处的行业中的地位如何？简单地判断公司在行业里是不是有一席之地或者巨大的成长空间？主营业务如何？

第三步：锁定公司业绩处于什么阶段：缓慢增长、稳定增长、高速增长、不增长、业绩波动、逐年下滑等。

第四步：打开证券软件（东方财富、同花顺等）F10 查找年度数据简单地进行经营分析。

第五步：估值分析，判断公司属于哪一种类型，选择合适的方法进行估值。

【实验内容】

本篇主要针对科技行业，以海康威视为例进行估值。

第一步：海康威视所在的行业是科技行业，科技行业包括芯片半导体、计算机应用、网络安全、安防、消费电子、云计算等。

第二步：海康威视是 A 股上市公司科技行业中市值前列的科技公司，是中国安防行业第一。主营业务是安防视频监控产品，提供视频服务，以视频技术为核心打造从研发、制造到营销的完整价值链。接触视频监控、安防等产品都会了解到海康威视。

第三步：公司业绩处于什么阶段？这里将公司业绩分为 6 种类型。

缓慢增长：营业收入常年处于缓慢上涨的状态，重点要看股息分红率。

稳定增长：利润增长率和市盈率的关系，也就是 PEG。

高速增长：看主营业务收入爆发力，可用 PEG。

业绩波动：每一年度的业绩没有固定规律的增长或下跌，是一种起伏的波动状态。例如，强周期类行业，此类判断比较困难，需要抓住行业拐点，要对经济周期和行业周期有所了解，不宜使用 PEG 来进行估值。

不增长：业绩常年处于平衡区间内，此类个股找不到收入增长的"点"，无起色，想要增长只能依靠行情。

逐年下滑：业绩逐年下降，甚至处于不断亏损状态，此类股票就没有估值研究的必要了。

第四步：经营分析。常用的股票类软件即可，本实验采用同花顺软件进行分析。

主要财务指标如图 6-1 所示。

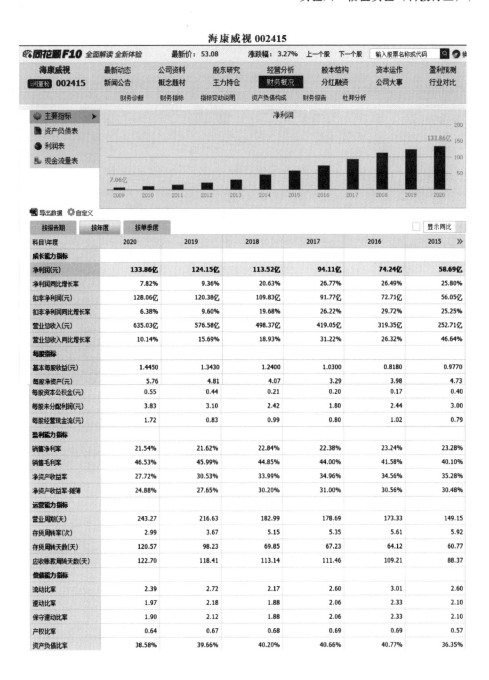

图 6-1　海康威视的基本情况

资产负债表如图 6-2 所示。

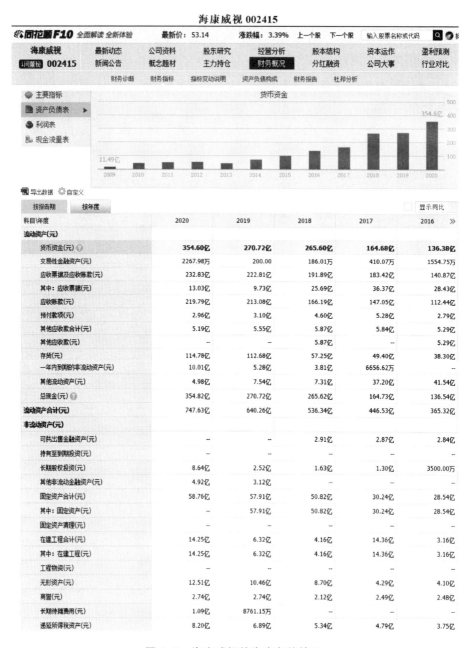

图 6-2　海康威视的资产负债情况

其他非流动资产(元)	7.22亿	8.66亿	15.83亿	8.59亿	4099.97万
非流动资产合计(元)	139.39亿	113.32亿	98.58亿	69.18亿	48.16亿
资产合计(元)	887.02亿	753.58亿	634.92亿	515.71亿	413.48亿
流动负债(元)					
短期借款(元)	39.99亿	26.40亿	34.66亿	9711.47万	3229.13万
以公允价值计量且其变动计入当期损益的金融负债(元)	740.58万	65.24万	29.10万	1594.68万	6978.95万
应付票据及应付账款(元)	146.31亿	139.40亿	107.65亿	108.85亿	78.86亿
其中：应付票据(元)	10.37亿	12.40亿	4.63亿	8.45亿	8.77亿
应付账款(元)	135.94亿	127.00亿	103.02亿	100.40亿	70.09亿
预收款项(元)	--	10.21亿	6.41亿	5.71亿	4.70亿
合同负债(元)	21.61亿	--	--	--	--
应付职工薪酬(元)	28.78亿	23.60亿	19.22亿	13.91亿	10.85亿
应交税费(元)	17.70亿	9.91亿	14.19亿	14.54亿	12.06亿
其他应付款合计(元)	15.25亿	15.69亿	29.53亿	4.97亿	10.69亿
其中：应付利息(元)	--	--	--	--	--
应付股利(元)	2.06亿	1.08亿	1.20亿	9485.71万	2010.58万
其他应付款(元)	13.19亿	14.61亿	28.34亿	4.02亿	10.49亿
一年内到期的非流动负债(元)	35.08亿	8612.32万	31.78亿	15.46亿	1534.08万
未分配利润(元)	358.07亿	289.61亿	223.60亿	165.98亿	148.61亿
归属于母公司所有者权益合计(元)	537.94亿	449.04亿	375.89亿	303.58亿	242.86亿
少数股东权益(元)	6.85亿	5.69亿	3.73亿	2.46亿	1.93亿
所有者权益（或股东权益）合计(元)	544.80亿	454.73亿	379.63亿	306.04亿	244.79亿
负债和所有者权益（或股东权益）合计(元)	887.02亿	753.58亿	634.92亿	515.71亿	413.48亿
未分配利润(元)	358.07亿	289.61亿	223.60亿	165.98亿	148.61亿
归属于母公司所有者权益合计(元)	537.94亿	449.04亿	375.89亿	303.58亿	242.86亿
少数股东权益(元)	6.85亿	5.69亿	3.73亿	2.46亿	1.93亿
所有者权益（或股东权益）合计(元)	544.80亿	454.73亿	379.63亿	306.04亿	244.79亿
负债和所有者权益（或股东权益）合计(元)	887.02亿	753.58亿	634.92亿	515.71亿	413.48亿
以公允价值计量且其变动计入当期损益的金融负债(元)	740.58万	65.24万	29.10万	1594.68万	6978.95万
应付票据及应付账款(元)	146.31亿	139.40亿	107.65亿	108.85亿	78.86亿
其中：应付票据(元)	10.37亿	12.40亿	4.63亿	8.45亿	8.77亿
应付账款(元)	135.94亿	127.00亿	103.02亿	100.40亿	70.09亿
预收款项(元)	--	10.21亿	6.41亿	5.71亿	4.70亿
合同负债(元)	21.61亿	--	--	--	--
应付职工薪酬(元)	28.78亿	23.60亿	19.22亿	13.91亿	10.85亿
应交税费(元)	17.70亿	9.91亿	14.19亿	14.54亿	12.06亿
其他应付款合计(元)	15.25亿	15.69亿	29.53亿	4.97亿	10.69亿
其中：应付利息(元)	--	--	--	--	--
应付股利(元)	2.06亿	1.08亿	1.20亿	9485.71万	2010.58万
其他应付款(元)	13.19亿	14.61亿	28.34亿	4.02亿	10.49亿
一年内到期的非流动负债(元)	35.08亿	8612.32万	31.78亿	15.46亿	1534.08万
递延所得税资产(元)	8.20亿	6.89亿	5.34亿	4.79亿	3.75亿

图6-2 海康威视的资产负债情况（续图）

其他流动负债(元)	7.46亿	9.14亿	3.65亿	7.45亿	3.00亿
流动负债合计(元)	312.25亿	235.21亿	247.10亿	172.01亿	121.33亿
非流动负债(元)					
长期借款(元)	19.61亿	46.04亿	4.40亿	4.90亿	17.22亿
应付债券(元)	--	--	--	31.21亿	29.54亿
长期应付款合计(元)	3959.55万	5018.14万	800.00万	243.70万	700.00万
其中：长期应付款(元)	--	5018.14万	--	--	700.00万
预计负债(元)	1.51亿	9057.07万	7762.52万	6306.86万	4193.32万
递延所得税负债(元)	9297.98万	5108.81万	--	--	--
递延收益-非流动负债(元)	1.91亿	3.34亿	2.93亿	8892.58万	1083.37万
其他非流动负债(元)	5.61亿	12.35亿	--	--	--
非流动负债合计(元)	29.97亿	63.64亿	8.19亿	37.65亿	47.36亿
负债合计(元)	342.22亿	298.85亿	255.29亿	209.67亿	168.70亿
所有者权益(或股东权益)(元)					
实收资本(或股本)(元)	93.43亿	93.45亿	92.27亿	92.29亿	61.03亿
资本公积(元)	51.79亿	41.27亿	19.56亿	18.19亿	10.48亿
减：库存股(元)	11.22亿	21.48亿	3.65亿	7.45亿	3.00亿
其他综合收益(元)	-8499.39万	-5354.11万	-4957.64万	-2767.79万	-4123.08万
盈余公积(元)	46.73亿	46.73亿	44.61亿	34.84亿	26.15亿

图 6-2　海康威视的资产负债情况（续图）

以上数据都可以在 F10 中找到，下面将着重研究的数据选择出来进行分析。表 6-1 采取的是 2020 年年报数据。

表 6-1　2020 年海康威视的主要财务指标

营业收入	635.03 亿元			
每股股价	47.71 元			
净利润	133.86 亿元			
扣非净利润	128.06 亿元			
每股收益	1.445 元			
股本	93.36 亿元			

续表

真实市盈率（TTM 滚动市盈率）	33.86%	
动态市盈率（当年利润）	40.28%	同花顺在问财里直接查找，上市满 10 年以 10 年为例，不满 10 年以 5 年为例。所选公司不可少于 3 年，否则估值无意义
静态市盈率（市盈率基本数据里有）	36.51%	
最高市盈率	57.04%	
最低市盈率	16.78%	
市净率	9.48%	
存货周转率	2.99%	
净资产收益率 ROE	27.72%	
毛利率	46.53%	
净利率（净利润/主营业务收入）	21.54%	
预测未来 1 年业绩	166.63 亿元	F10 右上角有盈利预测，以此来预估未来业绩
预测未来 2 年业绩	200.84 亿元	
预测未来业绩增长率	20.53%	

PEG（PE/G）市盈率（PE）÷净利润增长率（G）（去掉百分号）：4.33

资产负债表

总资产	887.02 亿元
负债	342.22 亿元
净资产（总资产-负债）	544.8 亿元
货币资金	354.6 亿元（手中的现金，越多越好）
应收账款	219.79 亿元（略高，而且逐年增加，回款能力有待加强）
自由现金流	90.4 亿元（登录问财搜自由现金流即可）
商誉	2.74 亿元（商誉收购很小，影响可忽略不计）
存货	114.78 亿元（近年逐年上升，与存货周转率成反比）

续表

在建工程	14.25 亿元（有一部分在建工程，但是对于海康威视几千亿元的体量来说可忽略不计，若是其他小市值公司要注意）
短期借款	39.99 亿元（手中的货币资金足以应付 40 亿元的短期借款，不会影响到资金链）
预收款	无（有预收款的公司，话语权更高）
资产负债率	38.58%（对于一个研发型高科技行业来说，38.58% 的资产负债率适中，科技行业资产负债率越低越好，不宜超过 50%，否则容易引起经营性风险）

通过分析财报数据，可得出如下结论：海康威视是一家体量非常大的科技公司，逐年上升的营业收入与净利润表明公司经营业绩是不断发展的。公司销售毛利率也在缓慢上升，表明成本控制逐年优化。净资产收益率常年保持在20%以上（常年保持20%净资产收益率以上的公司为优秀公司）。资产负债率适中，公司账面有大量现金应对短期风险。总体上，海康威视是一家很优秀的公司，可以进行估值。但值得注意的是公司存货周转率的下降与存货库存的提升可能会影响未来业绩，需要后续观察能否改善存货周转率以消化逐步升高的库存量。

第五步：估值分析。

判断海康威视是一家稳定增长类科技型的公司。

用 PEG 来估值，也就是彼得林奇公式，算出市盈率/净利润增长率，PEG 小于 1，就是有价值的，PEG 大于 1 就是缺乏价值。

这里面有两个重点，一个重点是 PEG 的稳定。已经算过 PEG 为 4.33，显然，海康威视属于高估位置。但是理论终究是理论，有的好公司估值一直居高不下，这里结合经验，计算过去 10 年的 PEG 分别为多少，不到 10 年以 5 年计算，计算出平均 PEG，在平均 PEG 以下，可初步判断为合理估值。

另一个重点是，与消费行业一样，仅仅依靠 PEG 来进行估值会出现估算不准的情况。接下来运用净利率结合市销率的方法来进行估值，两种方法相结合准确度就会大大提升。

先来测算海康威视的净利率，为了确保准确，取过去两年的净利率平均数。

2019 年：净利率 = 净利润/主营业务收入 = 124.1/576.6 = 21.5%

2020 年：净利率 = 净利润/主营业务收入 = 133.9/635 = 21.1%

推断出海康威视净利润率为 21.3%。

为了便于后续计算，将其取倒数：

主营业务收入/净利润 = 1/21.3% = 4.69

市销率 = 总市值/主营业务收入

然后找出企业过去 10 年的平均市盈率，不满 10 年取 5 年（见图 6-3 和图 6-4）。

海康威视过去平均市盈率为 35 倍。

市盈率 = 总市值/净利润

继续计算，市盈率除净利率的倒数。

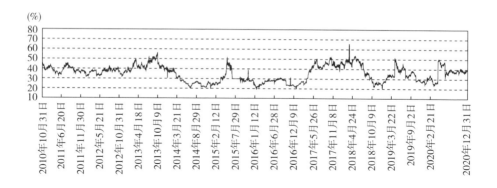

图 6-3　海康威视历史市盈率

区间日均市盈率(pe)

区间日均市盈率(pe)	时间区间
35.08	20110104-20201231

图 6-4　海康威视区间日均市盈率

（总市值/净利润）/（主营业务收入/净利润）= 总市值/主营业务收入 = 市销率

市销率 = 35/4.69 = 7.46

接下来是关键，市销率为 7.46，根据市销率 = 总市值/主营业务收入。主营业务收入这里取三种情况：

第一种：计算未来两年的主营业务收入的平均数。

同花顺 F10，右上角业绩预测，如图 6-5 所示。

图 6-5 海康威视盈利预测

注意这是净利润的增长率，但是由于净利率和毛利率在假设无变化的情况下，净利润的增长率就是主营业务收入的增长率。

根据这个变化率求得未来两年主营业务平均收入为 777.8 亿元。

总市值 = 市销率 × 主营业务收入 = 777.8 × 7.46 = 5802 亿元，这是第一种情况，企业发展良好情况下，未来两年估值约为 5802 亿元。

第二种：如果企业未来两年业绩不理想，营业收入不增长，保持现状，估值就是 7.46 × 635 = 4737.1 亿元。

第三种：如果遇到了市场杀估值的情况，给企业低估线，估值打八折，7.46 × 635 × 0.8 = 3789.68 亿元，如果低于这个估值就进入到了低估范围。

通过市销率的方法再结合 PEG，基本上就可以确定出一个合理的估值区间了。市销率的方法可以运用到成长股中，如科技行业、互联网行业、消费行业等，但是周期行业、金融行业、地产行业等就不能用这种方法了。

虽然该公司被低估了，并不代表它会马上上涨，这代表了资金的安全边际线，买进就要有耐心，做时间的朋友，忽略过程中的波动，不要听信任何故事，就会得到丰厚的经济收益。[①]

练习：这是一套非常有用的理论结合实战的估值体系。需要去消化练习吸收。找一家科技型行业的上市公司，进行公司质地分析，分析财务报表，并对公司进行估值，判断出处于当前高估还是正常估值或者低估的状态，并分析原因。

---

① 本部分只用于金融实验案例教学，不构成荐股，不承担任何责任。

【实验报告】

实验科目			
实验时间		实验地点	

实验要点：

实验内容记录：

分析：

实验中遇到的问题和收获：

实验完成情况：

指导教师签名：

日期： 年 月 日

实验七

估值实验（消费行业）

1. 了解消费类行业。

2. 理解股票估值方法的思路。

3. 能简要地读懂消费行业股票的财务报表。

4. 会运用合适的方法来对消费类行业的股票进行估值。

【实验步骤】

第一步：确定所要估值的企业所在的行业，如是消费行业或者科技行业、金融行业等。

第二步：公司在所处的行业中的地位如何？简单地判断公司在行业里是不是有一席之地或者巨大的成长空间，主营业务如何？

第三步：锁定公司业绩处于什么阶段：缓慢增长、高速增长、稳定增长等。

第四步：打开证券软件（东方财富、同花顺等）F10查找年度数据简单地进行经营分析。

第五步：估值分析，判断公司属于哪种类型，选择合适的方法进行估值。

【实验内容】

本篇主要针对消费行业，以贵州茅台为例进行估值。

第一步：贵州茅台所在的行业为消费行业，消费行业包括家用电器、食品饮料、纺织服装、医药生物、休闲服务、传媒、汽车等。

第二步：公司在所处的行业中的地位如何？简单地判断公司在行业里是不是有一席之地或者巨大的成长空间。

换而言之，这家公司是做什么的，能不能一句话说清楚，如果是一句话说不清楚的公司，业务模式就不清晰，至少主营业务不突出。贵州茅台是最有代表性的白酒类消费企业，主营业务突出。

这家公司的产品是什么？你用过还是见过？是否有强有力的市场竞争力。茅台酒产品随处可见，家喻户晓，而且在同类商品中，保持高价格、高品质。

第三步：公司业绩处于什么阶段？这里将公司业绩分为 6 种类型。

缓慢增长：营业收入常年处于缓慢上涨的状态，重点要看股息分红率。

稳定增长：利润增长率和市盈率的关系，也就是 PEG。

高速增长：看主营业务收入爆发力，可用 PEG。

业绩波动：每一年度的业绩没有固定规律的增长或下跌，是一种起伏的波动状态。例如，强周期类行业，此类判断比较困难，需要抓住行业拐点，要对经济周期和行业周期有所了解，不宜使用 PEG 来进行估值。

不增长：业绩常年处于平衡的区间内，此类个股找不到收入增长的"点"，无起色，想要增长只能依靠行情。

逐年下滑：业绩逐年下降，甚至处于不断亏损状态，此类股票就没有估值研究的必要了。

第四步：经营分析。常用的股票类分析软件即可，本实验采用同花顺软件来进行分析。

主要财务指标如图 7-1 所示。

贵州茅台 600519

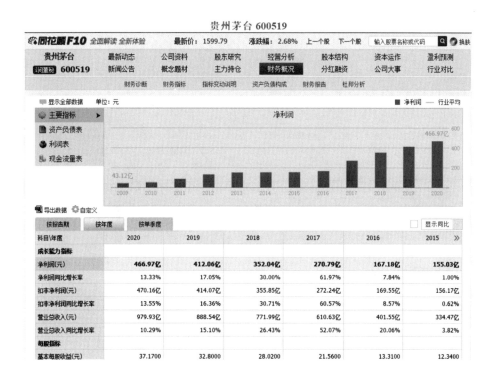

图 7-1　贵州茅台的基本情况

每股净资产(元)	128.42	108.27	89.83	72.80	58.03	50.89
每股资本公积金(元)	1.09	1.09	1.09	1.09	1.09	1.09
每股未分配利润(元)	109.53	92.26	76.41	63.69	49.93	43.69
每股经营现金流(元)	41.13	35.99	32.94	17.64	29.81	13.88
盈利能力指标						
销售净利率	52.18%	51.47%	51.37%	49.82%	46.14%	50.38%
销售毛利率	91.41%	91.30%	91.14%	89.80%	91.23%	92.23%
净资产收益率	31.41%	33.09%	34.46%	32.95%	24.44%	26.23%
净资产收益率-摊薄	28.95%	30.30%	31.20%	29.61%	22.94%	24.25%
运营能力指标						
营业周期(天)	1,195.62	1,181.88	1,257.42	1,293.1	2,039.66	2,339.21
存货周转率(次)	0.30	0.30	0.29	0.28	0.18	0.15
存货周转天数(天)	1,195.62	1,181.88	1,257.42	1,293.1	2,039.66	2,339.18
应收账款周转天数(天)	--	--	--	--	--	0.03
偿债能力指标						
流动比率	4.06	3.87	3.25	2.91	2.44	3.24
速动比率	3.41	3.22	2.66	2.32	1.84	2.27
保守速动比率	0.82	0.36	2.66	2.32	1.83	2.27
产权比率	0.28	0.30	0.38	0.42	0.51	0.31

图 7-1 贵州茅台的基本情况（续图）

资产负债表如图 7-2 所示。

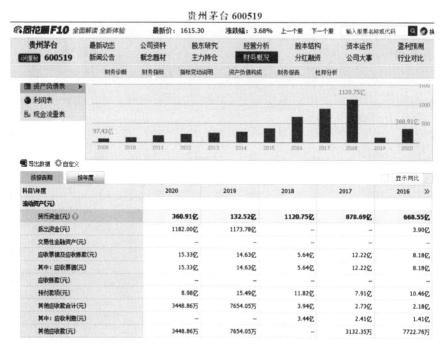

图 7-2 贵州茅台的资产负债情况

存货(元)	288.69亿	252.85亿	235.07亿	220.57亿	206.22亿
一年内到期的非流动资产(元)	--	--	--	--	--
其他流动资产(元)	2673.69万	2090.49万	1.40亿	3753.92万	2.31亿
总现金(元)	--	--	--	--	--
流动资产合计(元)	1856.52亿	1590.24亿	1378.62亿	1122.49亿	901.81亿
非流动资产(元)					
可供出售金融资产(元)	--	--	2900.00万	2900.00万	2900.00万
持有至到期投资(元)	--	--	--	--	--
长期股权投资(元)	--	--	--	--	--
其他非流动金融资产(元)	983.01万	3.20亿	--	--	--
投资性房地产(元)	--	--	--	--	--
固定资产合计(元)	162.25亿	151.44亿	152.49亿	152.44亿	144.53亿
其中：固定资产(元)	162.25亿	151.44亿	152.49亿	152.44亿	144.53亿
固定资产清理(元)	--	--	--	--	--
在建工程合计(元)	24.47亿	25.19亿	19.54亿	20.16亿	27.46亿
其中：在建工程(元)	24.47亿	25.19亿	19.54亿	20.16亿	27.46亿
工程物资(元)	--	--	--	--	--
无形资产(元)	48.17亿	47.28亿	34.99亿	34.59亿	35.32亿
长期待摊费用(元)	1.48亿	1.58亿	1.68亿	1.78亿	1.88亿
递延所得税资产(元)	11.23亿	11.00亿	10.49亿	14.02亿	17.46亿
其他非流动资产(元)	--	--	--	--	--
非流动资产合计(元)	277.44亿	240.18亿	219.85亿	223.61亿	227.54亿
资产合计(元)	2133.96亿	1830.42亿	1598.47亿	1346.10亿	1129.35亿
流动负债(元)					
短期借款(元)	--	--	--	--	--
应付票据及应付账款(元)	13.42亿	15.14亿	11.78亿	9.92亿	10.41亿
应付账款(元)	13.42亿	15.14亿	11.78亿	9.92亿	10.41亿
预收款项(元)	--	137.40亿	135.77亿	144.29亿	175.41亿
合同负债(元)	133.22亿	--	--	--	--
应付职工薪酬(元)	29.81亿	24.45亿	20.35亿	19.02亿	16.29亿
应交税费(元)	89.20亿	87.56亿	107.71亿	77.26亿	42.72亿
其他应付款合计(元)	32.57亿	35.90亿	34.05亿	30.63亿	17.59亿
其中：应付利息(元)	--	1.11万	4277.05万	2341.46万	3448.16万
应付股利(元)	--	4.47亿	--	--	--
其他应付款(元)	32.57亿	31.43亿	33.62亿	30.40亿	17.25亿
一年内到期的非流动负债(元)	--	--	--	--	--
其他流动负债(元)	16.10亿	--	--	--	--
流动负债合计(元)	456.74亿	410.93亿	424.38亿	385.75亿	370.20亿

图 7-2 贵州茅台的资产负债情况（续图）

非流动负债(元)					
长期借款(元)	–	–	–	–	–
长期应付款合计(元)	–	–	–	1557.00万	1557.00万
其中：长期应付款(元)	–	–	–	–	–
专项应付款(元)	–	–	–	1557.00万	1557.00万
递延所得税负债(元)	145.75万	7269.26万	–	–	–
非流动负债合计(元)	145.75万	7269.26万	–	1557.00万	1557.00万
负债合计(元)	456.75亿	411.66亿	424.38亿	385.90亿	370.36亿
所有者权益(或股东权益)(元)					
实收资本(或股本)(元)	12.56亿	12.56亿	12.56亿	12.56亿	12.56亿
资本公积(元)	13.75亿	13.75亿	13.75亿	13.75亿	13.75亿
其他综合收益(元)	-533.14万	-719.87万	-706.57万	-740.16万	-1124.08万
盈余公积(元)	201.75亿	165.96亿	134.44亿	82.16亿	71.36亿
未分配利润(元)	1375.94亿	1158.92亿	959.82亿	800.11亿	627.18亿
归属于母公司所有者权益合计(元)	1613.23亿	1360.10亿	1128.39亿	914.52亿	728.94亿
少数股东权益(元)	63.98亿	58.66亿	45.70亿	45.68亿	30.04亿
所有者权益(或股东权益)合计(元)	1677.21亿	1418.76亿	1174.08亿	960.20亿	758.99亿
负债和所有者权益(或股东权益)合计(元)	2133.96亿	1830.42亿	1598.47亿	1346.10亿	1129.35亿

图 7-2　贵州茅台的资产负债情况（续图）

以上数据都可以在 F10 中查找到，下面将着重研究的数据选择出来进行分析（见表 7-1）。

表 7-1　贵州茅台的主要财务指标

营业收入	979.93 亿元			
股价	1978.71 元			
净利润	466.97 亿元			
扣非净利润	470.16 亿元			
每股收益	37.17 元			
总资产	2133.9 亿元			
负债	456.75 亿元			
净资产（总资产-负债）	1677.15 亿元			

续表

股本	12.56 亿元				
真实市盈率（TTM 滚动市盈率）	53.75%				
动态市盈率（当年利润）	55.65%				
静态市盈率（市盈率基本数据里有）	60.91%	同花顺问财里直接查找，上市满 10 年以 10 年为例，不满 10 年以 5 年为例。所选公司不可短于 3 年，否则估值无意义			
最高市盈率	69.97%				
最低市盈率	8.81%				
市净率	16.91%				
存货周转率	0.30%				
净资产收益率 ROE	31.41%				
净利率（净利润/主营业务收入）此处是主营业务收入，不是总营业收入	49.2%				
毛利率	91.41%				
未来 1 年业绩	534.31 亿元	F10 右上角有盈利预测，以此来预估未来业绩			
未来 2 年业绩	621.27 亿元				
业绩增长率	16.27%				
PEG（PE/G）市盈率（PE）÷净利润增长率（G）（去掉百分号）	3.39				
商誉	无（公司没有靠收购来产生收益，完全是自己生产利润）				
自由现金流=经营现金流-资本支出	265.28 亿元（登录问财搜自由现金流即可）				
在建工程	24.47 亿元（对于贵州茅台来说可忽略不计，对于其他小公司要注意）				
应收账款	无（公司回款能力优秀，无在外欠款）				
存货	288.69 亿元（略高，但是茅台酒性质导致存货多、价值高，其他公司应注意）				
货币资金	360.91 亿元（手持巨额资金）				

短期借款	无（企业不缺钱，如其他公司有大量短期借款，应注意用途，仔细甄别）
预收款	无（有预收款代表企业话语权高，茅台酒因为是先钱后货，并且不拖货，所以报表里无体现）

罗列完这些数据后你会发现，贵州茅台无论是营业收入还是净利润或扣非净利润都是同比增长的，公司的资产负债表无风险，是非常优秀的，净资产收益率常年大于20%，所以可以排除公司自身的经营性风险，初步判断是一家非常优秀的公司，下面可以进行估值，越优秀的企业估值越有意义。

第五步：估值分析。

判断贵州茅台是一家稳定增长类消费型的公司。

用PEG来估值，也就是彼得林奇公式，算出市盈率/净利润增长率，PEG小于1，就是有价值的，PEG大于1就是缺乏价值。

这里面有两个重点，一是EG的稳定。已经算过PEG为3.39，显然贵州茅台属于高估位置。但是理论终究是理论，有的好公司估值一直居高不下，这里结合经验，计算过去10年的PEG分别为多少，不到10年以5年计，计算出平均PEG，在平均PEG以下，可初步判断为合理估值。

但也有特殊消费行业。例如，医药行业长期高于市场估值，并且溢价30%。也就是说，1<PEG<1.3是可以接受的。其余的消费行业大多PEG为1。

单纯依靠 PEG 来进行估值像单条腿走路，站不稳，这时需要结合历史市盈率 TTM 来进行再次估值。如果两种方法都判断出股价处于历史低位，那么就可以判断出股票处于低估值状态了。

同样去看过去 10 年的市盈率状态。不满 10 年则按 5 年计算（见图 7-3）。

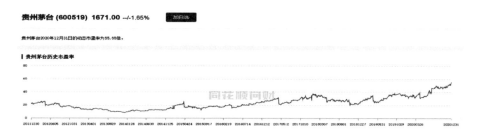

图 7-3 贵州茅台历史市盈率

最高市盈率是 55.65 倍，最低市盈率为 8.81 倍，取市盈率的中值为 32.23。也就是说中值区域为 32 左右，32 倍以下市盈率为合理估值。但是虽为合理估值，却不是相对低估，这时通常将设一条相对低估线，也就是 80%，32×0.8＝25.78。当估值在 25.78 倍以下时，则为相对低估区域了，这时可以大胆买进。

虽然该公司被低估了，并不代表它会马上上涨，这代表了资金的安全边际线，买进就要有耐心，做时间的朋友，忽略过程中的波动，不要听信任何故事，就会得到丰厚的经济收益。[1]

　　练习：这是一套非常有用的理论结合实战的估值体系。需要去消化练习吸收。找一家消费型行业的上市公司，进行公司质地分析，分析财务报表，并对公司进行估值，判断出处于当前高估还是正常估值或者低估的状态，并分析原因。

---

　　[1]　本部分只用于金融实验案例教学，不构成荐股，不承担任何责任。

【实验报告】

实验科目			
实验时间		实验地点	

实验要点：

实验内容记录：

分析：

实验中遇到的问题和收获：

实验完成情况：

指导教师签名：

日期：　　年　　月　　日

实验八

估值实验（周期行业）

【实验目的】

1. 了解周期类行业。

2. 理解什么是"周期"。

3. 掌握分析周期类行业股票的思路。

4. 会运用合适的方法对周期类行业股票（猪肉）进行判断。

【实验步骤】

第一步：周期行业有哪些，如猪肉、稀有金属、煤炭、钢铁、有色等，判断公司是否属于周期行业。

第二步：关注业绩是否呈现出周期性波动，是否存在近两年连续亏损的情况（近几年连续两年亏损周期股票不要碰）。

第三步：打开证券软件（东方财富、同花顺等）F10查找年度数据进行简单的经营分析。

第四步：周期行业判断。

【实验内容】

本篇主要针对周期行业，摘选正邦科技为例进行估值。

第一步：正邦科技是猪肉养殖企业，属于周期类行业。

第二步：业绩呈现明显周期性波动：2011年、2016年、2020年出现业绩高峰；2009年、2013年、2018年出现业绩低谷。近年不存在连续亏损两年的情形（见图 8-1）。

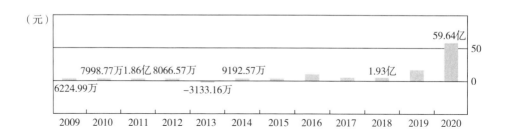

图 8-1 正邦科技业绩

第三步：打开证券软件（东方财富、同花顺等）F10 查找年度数据进行简单的经营分析。

主要财务指标如表 8-1 所示。

表 8-1 正邦科技的基本情况

运营能力指标						
营业周期（天）	89.45	86.87	75.78	60.78	48.01	42.88
存货周转率（次）	4.11	4.41	5.25	6.74	9.11	10.05
存货周转天数（天）	87.63	81.65	68.57	53.40	39.52	35.81
应收账款周转天数（天）	1.82	5.22	7.21	7.39	8.49	7.08
偿债能力指标（%）						
流动比率	1.22	0.66	0.71	0.80	1.14	1.05
流动比率	0.55	0.27	0.25	0.30	0.63	0.59
保守速动比率	0.55	0.27	0.25	0.30	0.63	0.59
产权比率	1.49	2.22	2.24	1.57	1.04	1.98
资产负债比率（%）	58.56	67.65	68.02	59.67	49.27	63.62

科目＼年份	2020	2019	2018	2017	2016	2015
成长能力指标						
净利润（元）	57.44亿	16.47亿	1.93亿	5.26亿	10.46亿	3.11亿
净利润同比增长率（%）	248.75	751.53	-63.21	-49.74	235.85	285.71
扣非净利润（元）	59.95亿	10.41亿	2.23亿	5.25亿	9.73亿	1.87亿
扣非净利润同比增长率（%）	474.33	368.60	-57.59	-46.00	420.29	252.97
营业总收入（元）	**491.66亿**	**245.18亿**	**221.13亿**	**206.15亿**	**189.20亿**	**164.16亿**
营业总收入同比增长率（%）	100.53	10.88	7.27	8.96	15.25	-3.22
每股指标（元）						
基本每股收益	2.2871	0.6857	0.0800	0.2300	0.5200	0.1600
每股净资产	7.42	3.83	2.74	2.71	2.54	4.66
每股资本公积金	3.60	1.42	0.85	0.83	0.79	2.55
每股未分配利润	2.75	1.38	0.88	0.86	0.71	1.05
每股经营现金流	1.47	1.60	0.56	0.39	0.74	1.09
盈利能力指标（%）						
销售净利率	12.13	5.91	0.87	2.70	5.49	2.05
销售毛利率	22.35	15.74	10.23	11.63	13.79	9.28
净资产收益率	45.06	21.56	3.03	8.63	28.58	13.70
净资产收益率-摊薄	24.70	17.53	2.99	8.32	18.01	9.95

资产负债表如图 8-2 所示。

图 8-2　正邦科技的资产负债情况

资产合计(元)	592.60亿	308.32亿	213.26亿	166.16亿	122.59亿
流动负债(元)					
短期借款(元)	115.29亿	44.98亿	36.94亿	25.87亿	16.39亿
应付票据及应付账款(元)	44.82亿	32.74亿	30.17亿	18.96亿	15.20亿
其中: 应付票据(元)	10.43亿	16.17亿	13.49亿	3.70亿	2.18亿
应付账款(元)	34.39亿	16.57亿	16.68亿	15.26亿	13.02亿
预收款项(元)	–	2.89亿	3.11亿	1.80亿	1.88亿
合同负债(元)	3.52亿	–	–	–	–
应付职工薪酬(元)	4.22亿	1.34亿	1.79亿	2.05亿	1.20亿
应交税费(元)	1.09亿	8241.38万	2725.97万	3261.56万	4090.11万
其他应付款合计(元)	80.89亿	56.78亿	15.90亿	11.81亿	4.90亿
其中: 应付利息(元)	–	1462.27万	1304.27万	1201.03万	707.26万
应付股利(元)	201.45万	83.81万	427.43万	456.34万	1146.63万
其他应付款(元)	80.87亿	56.62亿	15.73亿	11.65亿	4.72亿
一年内到期的非流动负债(元)	6.25亿	22.87亿	9.59亿	10.63亿	5.65亿
其他流动负债(元)	2.39亿	–	–	–	171.44万
流动负债合计(元)	258.46亿	162.43亿	97.77亿	71.46亿	45.65亿
非流动负债(元)					
长期借款(元)	52.34亿	23.24亿	33.45亿	20.87亿	12.36亿
应付债券(元)	13.92亿	5.28亿	5.27亿	5.26亿	1.16亿
长期应付款合计(元)	19.61亿	12.18亿	3.45亿	9841.12万	6710.73万
其中: 长期应付款(元)	19.61亿	12.18亿	3.45亿	9841.12万	6710.73万
专项应付款(元)	–	–	–	–	–
预计负债(元)	–	–	–	–	–
递延所得税负债(元)	–	–	8.12万	8.90万	9.67万
递延收益-非流动负债(元)	1.19亿	9528.13万	6263.15万	5686.80万	5527.77万
其他非流动负债(元)	1.50亿	4.50亿	4.50亿	–	–
非流动负债合计(元)	88.55亿	46.15亿	47.29亿	27.68亿	14.75亿
负债合计(元)	347.01亿	208.58亿	145.06亿	99.14亿	60.40亿
所有者权益（或股东权益）(元)					
实收资本（或股本）(元)	30.93亿	24.50亿	23.64亿	23.34亿	22.91亿
资本公积(元)	111.37亿	34.69亿	20.05亿	19.36亿	18.04亿
减: 库存股(元)	4.12亿	9794.10万	1.40亿	1.27亿	4749.95万
其他综合收益(元)	358.17万	–	–	–	–
盈余公积(元)	6.20亿	2.01亿	1.71亿	1.64亿	1.38亿
未分配利润(元)	85.21亿	33.71亿	20.79亿	20.09亿	16.24亿
归属于母公司所有者权益合计(元)	232.52亿	93.93亿	64.79亿	63.16亿	58.09亿
少数股东权益(元)	13.06亿	5.81亿	3.41亿	3.86亿	4.10亿

图 8-2　正邦科技的资产负债情况（续图）

　　以上数据都可以在 F10 中查找到，下面将着重研究的数据选择出来进行分析，表 8-2 采取的是 2020 年年报数据。

表 8-2　正邦科技的主要财务指标

营业收入	491.66 亿元				
每股股价	17.27 元				
净利润	57.44 亿元				
扣非净利润	59.95 亿元				
每股收益	2.28 元				
股本	31.48 亿元				
真实市盈率（TTM 滚动市盈率）	7.5%				
静态市盈率（市盈率基本数据里有）	4.85%	同花顺在问财里直接查找，上市满 10 年以			
最高市盈率	462.54%	10 年为例，不满 10 年以 5 年为例。所选公			
最低市盈率	-763.57%	司不可少于 3 年，否则估值无意义			
存货周转率	4.11%				
净资产收益率 ROE	45.06%				
毛利率	22.35%				
净利率（净利润/主营业务收入）	12.13%				

资产负债表：

总资产	592.6 亿元
负债	347.01 亿元
净资产（总资产-负债）	245.59 亿元
货币资金	130.43 亿元（手中的现金，越多越好）
应收账款	2.87 亿元（不是太高）
自由现金流	-118.98 亿元（登录问财搜自由现金流即可）
商誉	3848.23 万元（商誉收购很小，影响可忽略不计）
存货	134.48 亿元（存货都是猪，猪肉贵时价值高，反之可能会亏）

在建工程	11.93 亿元（有一部分在建工程，为了扩大生猪产能）
短期借款	115.29 亿元（短期借款高）
预收款	无（有预收款的公司，话语权更高）
资产负债率	58.56%（对于一个周期行业来说，多少都会有一部分负债，资产负债率在 30%～70%）

通过上面数据分析，正邦科技在财务数据方面表现良好，负债高，短期借款高，自由现金流为负，虽然 2020 年业绩爆发，却是基于猪肉价格暴涨得来的，持续性难以保证。对于周期性行业来讲，企业的业绩数据具有周期特征，回头看前 10 年的数据会发现，正邦科技净利润、市盈率、净资产收益率等指标都会呈现一种明显的周期性波动。这是周期行业的典型特征，鉴于此，周期行业无法用特殊的方法进行估值，只能判断企业目前是处于周期的高点还是低点。

第四步：周期行业判断（猪肉板块）。

正邦科技历史走势如图 8-3 所示。

从正邦科技走势来看，2009 年、2013 年、2018 年出现了股价阶段性的低点，2011 年、2016 年、2020 年出现了股价阶段性的高点，周期波动特征明显。

造成股价出现大幅上涨下跌的原因是生猪企业的业绩不稳定，生猪企业的业绩取决于猪肉的价格，所以能够提前判断出猪肉价格的涨跌至关重要。

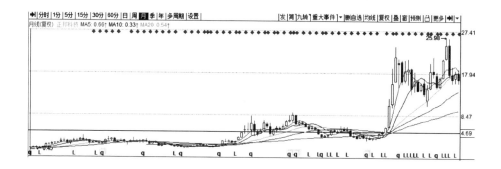

图 8-3　2009 年 6 月至 2020 年 12 月正邦科技走势图

　　想要判断猪肉价格涨跌就要去农业部看最新存栏数据，存栏下降，猪少了，如果需求上升，猪肉就要贵了，企业的业绩就会明显上升，股价也会得到体现。反之亦然。

　　图 8-4 为 2016～2020 年农业部生猪存栏数据，2016～2018

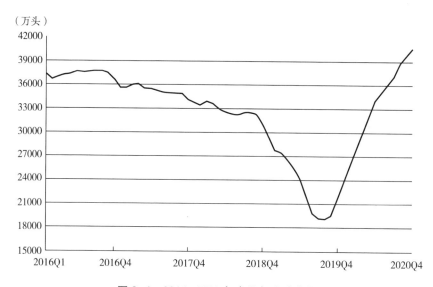

图 8-4　2016～2020 年农业部生猪存栏

资料来源：Wind。

年存栏数据量保持高位状态，所以猪肉价格和正邦科技的股价都处于下行或者低位的状态。从 2019 年第一季度开始到 2020 年第二季度，存栏量处于相对低位的状态，存栏量少了，猪肉价格就会涨起来，企业的业绩就会得到恢复，股价上行。2020 年第三、第四季度，存栏量持续上行，猪肉价格得到抑制，股价随之回落。

从存栏量和股价走势中会发现，猪周期大概为 4 年，下行与上行各一年半左右，震荡整理为一年。2012～2016 年为一个完整的周期，2016～2020 年为一个完整的周期。这是根据母猪长大到分娩完成，再到仔猪长大的完整生长周期决定的。在这 4 年的周期中，报表中营业收入、净利润、净资产收益率等数据也呈现出完整的周期波动。所以买周期行业（不光猪肉行业），要买在它业绩惨淡，无人问津之时，才可以获得高额回报率。

通过存栏量可以判断出猪周期的时间节点，但是仅依靠完整周期时间不能够准确地把握住进出场的时机，这时就要介入另一个数据猪粮比（近年的猪粮比可用同花顺问财软件进行查询）。

猪粮比是生猪价格与其饲料价格的比值（主要是玉米价格）（见图 8-5）。

猪粮比一般为 6 时是利益均衡点，即假设玉米为 1 元/斤时（批发价）生猪价格至少为 6 元/斤时才有利可图。生猪价格和玉米价格比值在 6∶1，生猪养殖基本处于盈亏平衡点。猪粮比越高，说明养殖利润越好，反之则越差。但两者比值过大或过小都不正常。

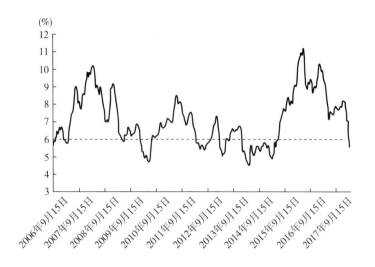

图 8-5　22 个省份猪粮比失速下跌

资料来源：Wind，招商证券。

从图 8-6 可以发现，跌破猪粮比 6 的时间节点分别是 2009
年、2013 年和 2014 年、2018 年，要看对应的正邦科技股价如
何，如图 8-7 所示。

猪粮比：全国 4.96

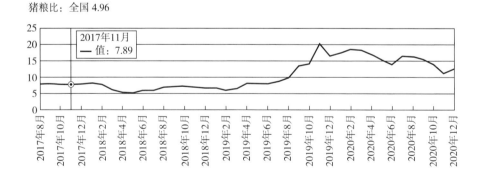

图 8-6　2017~2020 年猪粮比走势

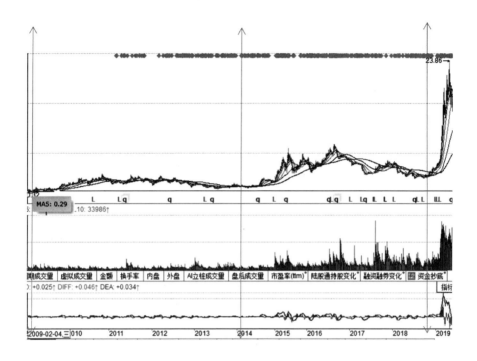

图 8-7 2009~2019 年正邦科技趋势

图中的三根线分别代表三个时间点（2009 年、2014 年、2018 年）的股价，均在底部区域内，而同一时期的猪粮比均在 6 以下。

再来看周期内猪粮比处于高点的时间分别是 2011 年、2016 年、2019 年（2007 年时间太早此处忽略不计），此时正邦科技对应股价如图 8-8 所示。

图中的三根线分别代表三个时间点（2011 年、2016 年和 2019 年）的股价，而同一时期的猪粮比则均为高点（偏离 6 太远）。

总结：通过猪存栏量和猪粮比可以判断出目前或者未来一段时间的猪肉价格走势，猪肉价格走势也会影响到生猪养殖类企业

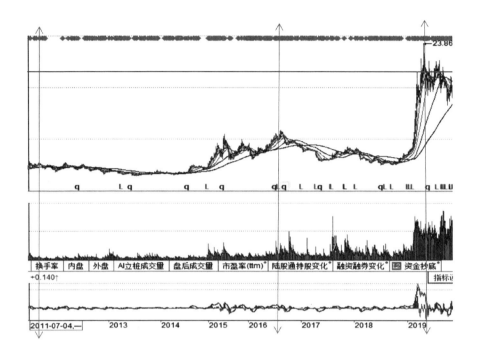

图 8-8　2011~2019 正邦科技走势

的利润和股价。强周期行业不像消费行业和科技行业等，可以依靠具体的方法去给企业进行较为准确的估值，因为它们的业绩极不稳定，需要一些宏观的数据去判断强周期行业所处的位置。[①]

练习：寻找一家猪肉周期行业股票（牧原股份除外），分析该企业的财务报表。

写出 2009 年以来每一轮猪周期中该企业分别对应的高低点位置股价大约是多少。

判断目前是处于猪周期的什么位置？为什么？

---

① 本部分只用于金融实验案例教学，不构成荐股，不承担任何责任。

【实验报告】

实验科目			
实验时间		实验地点	

实验要点：

实验内容记录：

分析：

实验中遇到的问题和收获：

实验完成情况：

指导教师签名：

日期：　年　　月　　日

实验九
基于投资者情绪的资产轮动策略实验

【实验目的】

在金融市场中，投资者情绪能够影响股票的股价，但对不同规模的股票影响不同，也就是说，投资者情绪能够帮助投资者更好地预测市值股票股价的大致趋势，帮助投资者更好地制定资产轮动策略。而且投资者情绪的变化能够正向影响市值股票的回报率，既然投资者情绪能够影响股票的回报率，那么投资者要做到收益的最大化，必然需要了解投资者情绪的变化。

在投资者情绪过高时，投资者应该买入、继续持有还是卖出；在投资者情绪过冷时，投资者应该买入、继续持有还是卖出。同时在投资者情绪变化时，投资者对于自身已有资产配置需要做出哪些变动？对于资产分配的权重该如何计算和分配才能达到收益最大化？而投资者情绪又需要通过哪些指标来反映，这些指标的高低对应的是投资者情绪的高涨还是低落？

由于讨论以上问题的过程过于烦琐复杂，本实验只讨论在固有资产配置的情况下，如何通过投资者情绪来实现固有资产的轮动策略，从而达到收益最大化。

简而言之，本实验的目的就是，让投资者通过本实验来实证检验投资者情绪是否会影响投资回报率，从而帮助投资者初步了解判断投资者情绪对于金融交易的作用。同时让投资者初步了解投资者情绪指标的判定，进一步实现资产轮动。

【实验原理】

理论依据：行为金融学的研究成果表明，投资者主体行为很大程度上受到了投资者情绪的影响，并且有研究发现，市场收益与投资者情绪相互之间存在着影响关系，投资者情绪变化能够正向影响市值股票的回报率。研究表明，投资者情绪不仅会影响股票股价的走势，而且还会影响投资者的资产回报率，因而了解投资者情绪和投资者制定资产轮动策略的关系十分重要。

有许多指标都可以用来反映投资者情绪，如：

1. 新增投资者开户数，这是衡量投资者情绪常用的指标。因为当投资者情绪高涨时，投资者参与市场的热情高涨，也就有越来越多的新增投资者进入市场；而当投资者情绪低迷时，场内的投资者将会逐渐离开市场，还没有进入市场的投资者就更不会选择在这个时候进行开户。

2. 换手率。换手率的高低能反映交易行为过程的热烈程度。换手率较高，投资者在市场上的买卖行为较为热烈，反映出投资者情绪高涨；换手率较低，表明投资者不愿意进行买卖，或者对买卖成交的价格不满意，反映出投资者情绪低迷。

3. 波动率。波动率是金融资产价格的波动程度，是对资产收益率不确定性的衡量。波动率的高低可以反映投资者情绪的高低，当波动率较高时，表明参与市场的投资者较多，投资者情绪也就较高；反之亦然。

还有腾落比例、新高新低比、基金折价率、每月首次公开上市的企业数及 IPO 当日收益率、消费者信心指数等指标。

由于换手率能更方便简单地反映个股投资者情绪，故本实验选择换手率作为反映投资者情绪的指标。

【实验内容】

本实验设计的基于投资者情绪的资产轮动设计比较简单，实验内容有：①找到适合的个股；②记录各时间段的股价以及能够反映投资者情绪的换手率；③按照不同分配方法分配个股权重；④计算不同组别各自的总收益率；⑤比较总收益率并撰写实验报告。

投资者情绪指标选取：将换手率作为投资者情绪反映指标，更好地帮助投资者实现资产的权重分配，从而帮助投资者在投资过程中制定资产轮动策略。

当然由于本实验内容过于简单，感兴趣的同学也可以采用其他能够反映投资者情绪的指标，通过构建数学模型，从而增强实验的趣味性和难度。

注意：由于大盘股和小盘股受到投资者情绪的影响效果不同，大市值股票受到投资者情绪的影响相对更小，其股票股价走势一般更加平稳；但小市值股票受到投资者情绪影响更大，投资者情绪的波动也会导致小市值股票股价变化更加剧烈，所以选股尽量将大盘股和小盘股分开选择。

【实验步骤】

1. 下载或者登录某一股票财经网站，如东方财富、雪球财经、涨乐财富通、淘股吧等（见图9-1）。

图9-1　股票网站举例

2. 根据自己的风格选择4只个股（可以是不同板块，也可以是近期热点，但确保个股有6年以上的历史）（见图9-2）。

图 9-2　选择 4 只个股

3. 通过财经网站获取 4 只个股近 6 年的股价走势，并把每年股价及换手率记录下来（额外记录 6 年后的现价）（见图 9-3 和表 9-1）。

图 9-3　中国平安个股

表 9-1　4 只个股换手率

股票名称	2016 年价格及换手率	2017 年价格及换手率	2018 年价格及换手率	2019 年价格及换手率	2020 年价格及换手率
中国平安	26.24 元/4.21	48.93 元/11.29	61.45 元/14.91	83.64-8.10	75.87 元/9.43

股票名称	2016年价格及换手率	2017年价格及换手率	2018年价格及换手率	2019年价格及换手率	2020年价格及换手率
三一重工	4.01 元/8.02	6.26 元/11.83	7.46 元/13.69	13.22-12.20	24.92 元/12.87
腾讯控股	211.11 元/2.28	340.92 元/3.15	321.20 元/6.44	320.40 元/3.48	528.40 元/2.97
贵州茅台	229.87 元/3.29	426.68 元/5.59	664.55 元/10.50	1116.68 元/42.9	1672.71 元/3.76

4. 将 6 年前每只股票股价的 100 倍相加，得到投资者假定已有现金的数量。

5. 第一组为对照组，购买选择的 4 只股票，每只股票 1 手（100 股），再以 6 年后的最终股价全部卖出，记录下所得的现金数量，通过将 6 年后已有现金减去 6 年前已有现金除以 6 年前已有现金得到 6 年来的总收益率（见表 9-2）。

表 9-2 对照组收益记录

	6 年前现金（元）	总现金（元）	收益率（%）
第一组	47123	174711	270.76

6. 第二组为实验组，查看 6 年前 4 只股票的换手率，根据每只股票换手率占 4 只股票换手率总和的占比赋予不同权重，再以 6 年前已有现金按得到的权重分配 4 只股票的资金占比。

7. 每隔一年将手中持有的股票按当时的价格全部卖出，再根据当时的 4 只股票不同的换手率继续分配不同的权重，直至 6 年后，按 6 年后卖出所有股票得到的现金结算得到第二组 6 年后的已有现金，计算该组的总收益率（见表 9-3 和表 9-4）。

表 9-3　实验组换手率　　　　　　　　　　　单位:%

股票名称	2016 年换手率占比	2017 年换手率占比	2018 年换手率占比	2019 年换手率占比	2020 年换手率占比
中国平安	0.236516854	0.354362837	0.32740448	0.288564304	0.324836376
三一重工	0.450561798	0.37131199	0.300614844	0.434627716	0.443334482
腾讯控股	0.128089888	0.098870056	0.141414141	0.123975775	0.102307957
贵州茅台	0.184831461	0.175455116	0.230566535	0.152832205	0.129521185

表 9-4　实验组收益记录

股票名称	2016 年持有股份	2017 年持有股份	2018 年持有股份	2019 年持有股份	2020 年持有股份	2021 年初余额
中国平安（股）	424.7478547	578.2370874	533.4266384	520.4888417	978.1988874	
三一重工（股）	5294.719101	4735.846622	4034.442816	4959.852991	4064.58364	
腾讯控股（股）	28.59163363	23.15502697	44.07875042	58.37503652	44.2363409	
贵州茅台（股）	37.89016801	32.83195461	34.73606192	20.64757171	17.69101487	
现金（元）	47123	79842.29073	100117.9549	150863.0353	228471.7939	203792.2451

8. 将两组的 6 年总收益率进行比较（见表 9-5、表 9-6）。

表 9-5　4 只个股换手率及持有股份

股票名称	2016 年换手率占比（%）	2016 年持有股份（股）
中国平安	0.236516854	424.7478547
三一重工	0.450561798	5294.719101
腾讯控股	0.128089888	28.59163363
贵州茅台	0.184831461	37.89016801

表 9-6　对照组与实验组收益对比

级别	6 年前现金（元）	总现金（元）	收益率（%）
第一组	47123	174711	270.76
第二组	47123	203792.25	332.47

【实验报告】

实验科目			
实验时间		实验地点	

实验要点：

实验内容记录：

分析：

实验中遇到的问题和收获：

实验完成情况：

指导教师签名：

日期：　　年　　月　　日

后　记

　　学习金融投资与管理需要进行高强度的训练，如专著的阅读、研究报告的分析等。我们会关注油价、金价、汇率、债市、股市等，要将这些价格通过理论联系起来，知晓它们之间的关联，涉及《微观经济学》、《宏观经济学》、《金融学》、《证券投资学》、《投资学》等多门课程知识的融会贯通。这是一个艰苦又很有趣的过程，所谓艰苦，绝大部分银行和个人都做"锦上添花"的事，从众行为居多，而不是"买在无人问津时，卖在人声鼎沸时"；所谓有趣，在学习与感悟的过程中，既可以有论文的输出，又可以有哲学层次的心得体会。学生主动思考、自主学习的动力还有待加强，教学改革的路很长，任重道远。

姜睿清于应如草堂

2023 年 9 月 10 日